W0231143

FRIEDERIKA-LUBA VON COHLEM
UND CHRISTINA ZACKER

22. DEZEMBER BIS 20. JANUAR

STEINBOCK

MIT FARBIGEN ILLUSTRATIONEN
VON OLAF THIEDE

INHALT

KAPITEL

So kommen Steinbockfrau/Steinbockmann am besten klar

Gratulation – Sie sind ein Steinbock! Unter allen zwölf Sternzeichen sind Sie dasjenige, das am meisten durch seinen Ehrgeiz und sein Streben an die Spitze auffällt.

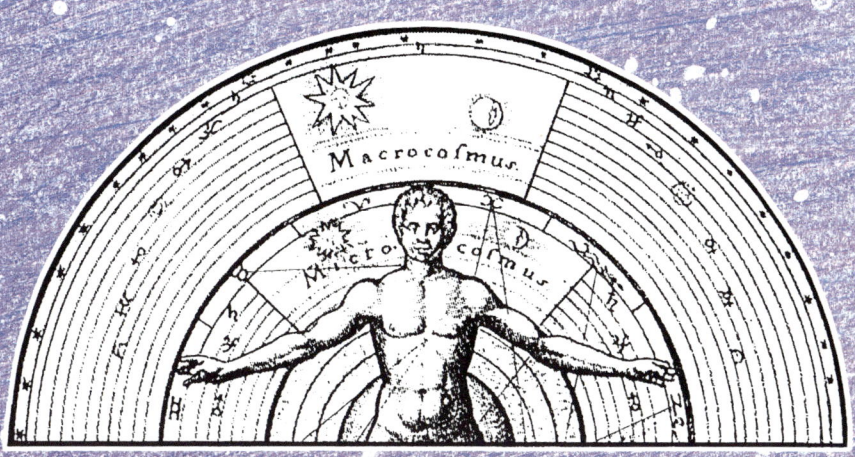

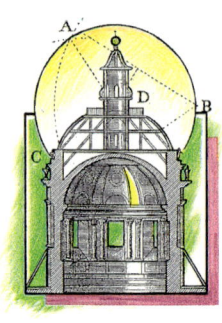

Steinböcke gelten zwar oft als verschlossen und mürrisch, überzeugen aber durch Gewissenhaftigkeit und Kompetenz.

SIE SIND EIN GLÜCKSKIND!

Gratulation – Sie sind ein Steinbock! Ein echtes Glückskind, könnte man sagen. Sie gelten als sehr korrekter und gewissenhafter Mensch und sind dabei mit einer Ausdauer begabt, die ihresgleichen sucht. Sie gehören vielleicht nicht zu den kommunikativsten Sternzeichen, sind oftmals in sich gekehrt, doch wegen Ihrer Kompetenz und Gewissenhaftigkeit werden Sie allgemein geschätzt.

Sie sollten sich keinen Deut darum scheren, wenn andere Sie für einen gefühlskalten Streber halten, für den nichts anderes als materielle Errungenschaften zählen. Sie selbst wissen es besser

Zum Beispiel in der Liebe: Man sagt den Steinböcken nach, sie seien wahrhaft unersättliche Liebhaber. Das ist sicher übertrieben; aber tatsächlich können Sie mit Ihrem Charme wirklich jede Frau um den Finger wickeln. Dabei sind Sie auch noch so bescheiden, sich nicht anmerken zu lassen, wie sehr Sie Ihre Erfolge beim anderen Geschlecht genießen. Ihre zuvorkommende Art macht Sie übrigens beliebt bei Damen jeden Alters: Sie werden nicht nur Ihre Angebetete für sich gewinnen, sondern auch noch gleich Ihre künftige Schwiegermutter. Jeder Frau sollte allerdings klar sein: die Liebe nimmt bei Ihnen den zweiten Platz ein – nach dem Beruf und Ihrer gesellschaftlichen Stellung.

Frau Steinbock findet ihr höchstes Glück in der Verbindung von Beruf und Partnerschaft. Bei der Suche nach dem passenden Mann für eine solche Beziehung gehen Sie sehr methodisch vor. Das heißt jedoch nicht, daß Sie nicht auch zu tiefen und sehr leidenschaftlichen Gefühlen fähig sind. Gerade bei Ihrem Lebenspartner sollten Sie ein wenig mehr an Ihre Gefühle als an ausgeglichene Bilanzen denken. Schließlich gehen Sie mit einer Ehe keine Geschäftsbeziehung ein, oder?

ERNST UND GRÜNDLICHKEIT

Kein Steinbockmann läßt sich übrigens zu etwas drängen – weder in der Liebe noch in allen anderen Bereichen seines Lebens. Fühlen Sie nur den geringsten Ansatz, daß Sie etwas tun sollen, was Ihnen nur ein wenig widerstrebt, so schalten Sie zunächst einmal auf stur. Nur sehr schwer kann man Sie dann überzeugen, von diesem Verhalten wieder abzurücken. Sind Sie jedoch sicher, die richtige Partnerin gefunden zu haben, werden Sie sanft wie ein Lamm und weich wie Schmusewolle. Dabei zeigt sich dann oft eine ganz besonders liebenswerte Seite, die manche Frauen anzieht wie Motten das Licht: Sie wirken in der Werbung um Ihre Liebste ein wenig tapsig und unbeholfen – so gar nicht als Routinier. Bei jungen Steinböcken ist das ganz echt, bei älteren hingegen eine (anziehende) Masche, zum Ziel zu gelangen...

Trotz allen Casanova–Eigenschaften: Steinböcke sind meist sehr ernste und gründliche Menschen. Sie argumentieren klug und sachlich, wenn Sie irgend etwas erreichen wollen. Im Beruf und im Privatleben sind Sie sehr gewissenhaft.

Ernst und Gründlichkeit zeichnen Steinböcke aus – im Beruf wie im Privatleben.

DAS ÄUSSERE

Schon am Äußeren sind Steinböcke oft zu erkennen. Sie neigen nicht zu fülliger Figur, eher zu einem etwas knochigen Aussehen. Ihre Bewegungen sind nicht allzu schnell. Sie schauen nicht ständig fröhlich drein, sondern wirken auf den ersten Blick ernst und distanziert. Ihre Selbstsicherheit strahlen Sie auch durch Ihre Gestik und Mimik aus. Sie sind eher von der schweigsamen Art, sinnloses Geplapper liegt Ihnen nicht.

Frau Steinbock fällt oft durch ihren Blick auf: Sie wirken meist ernst, dabei aber sehr geheimnisvoll. Die „Unschuld vom Lande" nähme man Ihnen bestimmt nicht ab. Ihre Ausstrahlung ist manchmal die eines Eisberges, wobei man schon erkennen kann, daß ein Vulkan unter dem Eise brodelt. Manchmal wirken Sie etwas abweisend gegenüber anderen Menschen; so schrecken Sie vielleicht jemanden ab, der sich als guter Freund oder vielleicht sogar Lebenspartner erweisen könnte. Ihre Kühle und Nachdenklichkeit weist Sie als sehr vernünftige Person aus: Sie lassen sich nicht durch Äußerlichkeit und Oberflächlichkeit den Kopf verdrehen.

Gelassen und selbstsicher, dabei voll verborgener Leidenschaften, gehen Steinböcke beharrlich auf ihr Lebensziel zu.

Unter dieser äußeren Hülle jedoch sind Sie gar nicht so tough und mutig, sondern eher etwas ängstlich. Das lassen Sie sich natürlich nicht anmerken. Nur jemand, der Sie sehr gut kennt und dem Sie voll vertrauen, vermag hinter diese coole Fassade zu schauen.

DER ZUVERLÄSSIGE STEINBOCK

Wer Sie zum Freund hat, kann sicher sein: Sie sind immer da, wenn man Hilfe braucht, wenn man einen Rat sucht, wenn man sich aussprechen will. Dazu kommt Ihre Pünktlichkeit: Steinböcke kommen eher zehn Minuten zu früh als eine einzige Minute zu spät zu einer Verabredung. Frau Steinbock ist meist ein sehr vorsichtiger Mensch. Es dauert lange, bis Sie jemandem Ihr Vertrauen schenken, Sie wirken beherrscht und sehr entschlossen. Sie gelten als sparsame Frau, und diese Sparsamkeit erstreckt sich leider manchmal auch darauf, wie Sie Ihre Gefühle äußern.

Manchmal wirken Steinböcke etwas stolz und arrogant. Sie können sich auch etwas einbilden: auf Ihre Leistungen, auf Ihre Strebsamkeit, vielleicht auch auf die Ziele, die Sie schon erreicht haben im Leben. Aber Sie sollten sich abgewöhnen, andere merken zu lassen, wie stolz Sie auf all Ihre Errungenschaften sind. Das erweckt nur Neid und Mißgunst unter den lieben Mitmenschen.

Die Arbeit ist das ein und alles eines jeden Steinbocks. Alle anderen Dinge scheinen Ihnen dagegen unwichtig zu sein. Sie sind ein Gewohnheitsmensch und verabscheuen nichts mehr, als wenn sich in Ihren Lebensumständen Unregelmäßigkeiten zeigen. Strebsam, zäh und ehrgeizig verfolgen Sie Ihre beruflichen Ziele. Sie gelten als gewissenhafter und einsatzfreudiger Kämpfer, der nicht aufgibt, bevor er seine Bestleistung vollbracht hat. Herr und Frau

Die 12 positivsten Eigenschaften, die Steinböcken nach-gesagt werden.

Steinböcke sind

- ◆ gewissenhaft
- ◆ ideenreich
- ◆ gründlich
- ◆ strebsam
- ◆ flexibel
- ◆ zuverlässig
- ◆ ausdauernd
- ◆ bescheiden
- ◆ unkompliziert
- ◆ selbstkritisch
- ◆ solide
- ◆ gutmütig

Steinbock sind optimale Führungskräfte. Sie leben für Ruhm, Prestige und Erfolg – eben für Ihre Arbeit. Sie handeln schnell, aber immer überlegt, in Ihrer Selbstdisziplin sind Sie beispielhaft. Ihre Begabung: Sie schaffen in fast jedem Chaos blitzschnell Ordnung; je komplizierter etwas auf den ersten Anschein wirkt, um so mehr reizt es Sie. Klar, daß Sie mit beiden Beinen nüchtern auf dem Boden der Tatsachen stehen und durch fast nichts vom Hocker zu reißen sind. Sie verlieren niemals das Wesentliche aus den Augen, visieren stets das Sinnvolle an. Gerade Steinbockfrauen zeichnen sich durch einen besonderen Sinn fürs Geschäftliche verbunden mit außerordentlichem Organisationstalent aus. Das macht Sie in jeder Firma zur fast unersetzlichen Kraft.

Die Wohnung eines Steinbocks wird sehr individuell eingerichtet sein. Ganz gewiß suchen Sie sich Ihre Möbel nicht aus dem Versandhauskatalog aus. Ausgewählte Einzelstücke mischen sich da mit vielerlei Dingen, an denen Sie von früher hängen. Sie trennen sich nur ungern von einem Stück, selbst dann nicht, wenn es einige Mängel aufweist. So manches wandert erst auf den Müll, wenn es wirklich kaputt ist und nicht mehr repariert werden kann. Selbst dann stellen Sie es vielleicht eher auf den Speicher oder verstauen es im Keller. Denn irgendwann könnte man's ja vielleicht wieder brauchen. Als Steckenpferd kommen für einen Steinbock – gleich ob männlich oder weiblich – vor allem Lesen und Musik in Frage. Sie lieben außerdem alles, was mit praktischen Tätigkeiten verbunden ist: Heimwerken ebenso wie Gartenarbeit. Vor allem praktische Hobbys liegen Ihnen.

Obwohl Arbeit Ihr großes Hobby ist, sollten Steinböcke nicht auf ein wenig sportliche Betätigung verzichten. Zum Ausgleich für Ihre Unruhe und Ihren Schaffensdrang ist es wichtig, daß Sie sich beim Sport relaxen und Sie darin nicht auch gleich einen Wettbewerb sehen, in dem Sie stets der oder die beste sein müssen. Viel frische Luft tut Ihnen besonders gut. Vielleicht schaffen Sie sich einen Hund an – dann wäre für frische Luft bei Wind und Wetter gesorgt. Steinböcke sind bis ins hohe Alter körperlich aktiv. Es kann gut sein, daß Sie als Senior beschließen, noch einen Wettkampfsport auszuüben. Sie eignen sich für viele Sportarten, und werden sicher im Laufe Ihres Lebens einiges ausprobieren.

Steinböcke haben eine enorme Widerstandskraft. In der Astromedizin sind Ihnen Knie, Gelenke und Bänder zugeordnet. Diese Körperregionen sollten Sie also mit Vorsicht behandeln und unter Umständen auch gegen Krankheiten in diesen Bereichen vorbeugen. Viele Steinböcke neigen zu Haltungsfehlern, zu Gicht, zu Problemen mit den Knien, am Meniskus und zu Rheumatismus. Anfällig sind Sie außerdem für Erkältungskrankheiten. Frau Steinbock zeichnet sich zwar durch einen bemerkenswerten Überlebenswillen aus. Sie sind zäh und absolut nicht anfällig für Krankheiten. Oft scheint es: je älter Sie werden, um so gesünder und aktiver werden Sie. Psychosomatische Krankheiten machen Ihnen jedoch unter Umständen trotzdem sehr zu schaffen.

Die 12 negativsten Eigenschaften, die Steinböcken nachgesagt werden.

Steinböcke sind

◆ *arrogant*
◆ *geizig*
◆ *rechthaberisch*
◆ *anmaßend*
◆ *zugeknöpft*
◆ *skeptisch*
◆ *labil*
◆ *herrisch*
◆ *zynisch*
◆ *stur*
◆ *rücksichtslos*
◆ *egoistisch*

KAPITEL

2

TYPISCH STEINBOCK

Natürlich sind fürs Horoskop zunächst Ihr
Geburtsdatum und das Sonnenzeichen ent-
scheidend. Auch der Planet, der dieses
Zeichen beherrscht, hat bestimmenden Ein-
fluß auf Ihren Charakter. Aber noch ein zwei-
tes Tierkreiszeichen hat für Sie Bedeutung.
Es ging in der Minute Ihrer Geburt am östli-
chen Horizont auf. Man nennt es Aszendent.

DIE PLANETEN

Die Astrologie kennt zehn Planeten – und sie zählt, ganz im Gegensatz zur strengen astronomischen Wissenschaft – die Sonne und den Mond dazu.

Der Planet des Steinbocks ist der Saturn. Er gehört, zu den „klassischen" Planeten der Astrologie und steht für nüchterne Besonnenheit und Tradition, für Schweigsamkeit und Zurückhaltung. Saturn gilt in der Astrologie als Symbol für jegliche ordnende, konzentrierende und erhaltende Kraft. Seit er im 19. Jahrhundert entdeckt wurde, wird Uranus, der für besondere Originalität steht, als zweiter Regent des Steinbocks angesehen

Saturn – der Regent des Steinbocks – steht für die ordnenden, gestaltenden, konzentrierenden und erhaltenden Kräfte des Universums.

WELCHER STEINBOCK SIND SIE?

Astrologisch betrachtet sind natürlich nicht alle Steinböcke gleich geartet: Neben dem „Sonnenzeichen" – also dem Sternbild, in dem bei Ihrer Geburt der „Planet" Sonne stand – ist der Aszendent von entscheidender Bedeutung. Er ist meist nicht mit dem Sonnenzeichen identisch, wirkt sich jedoch auf den Charakter eines Menschen – besonders in dessen zweiter Lebenshälfte – ebenfalls stark aus. Im Anhang finden Sie Tabellen, mit denen Sie Ihren Aszendenten leicht bestimmen können. Und so wird Ihre Steinbockpersönlichkeit von den jeweiligen Aszendenten beeinflußt:

Aszendent Widder sorgt dafür, daß Sie Ihre Ziele so hartnäckig verfolgen wie sonst kaum jemand. Sie kommen sicher nach oben, schaffen sich Wohlstand; dennoch vergessen Sie nicht, anderen beizustehen.

Aszendent Stier läßt Ihr Gefühlsleben ein wenig schwanken: Sie können sogar zu Depressionen neigen und sind nicht allzu energiegeladen. Sie streben eine Karriere an, erreichen diese auch – aber auf Umwegen.

Aszendent Zwillinge macht Sie zwiegespalten in Ihren Handlungen. Ihre überragende Intelligenz führt zu Höhenflügen. Im Job sehen Sie diese auch verwirklicht; in der Liebe sind Sie eher unstet.

Aszendent Krebs bringt viel Gefühl in Ihr vernunftbetontes Handeln. Hin und wieder scheinen Sie launenhaft. Im Beruf streben Sie erfolgreich an die Spitze und in der Liebe suchen und finden Sie einen gefühlvollen Partner.

Aszendent Löwe kann manchmal dazu betragen, daß Sie etwas arrogant wirken. Sie leisten viel und ernten auch die Lorbeeren für Ihre unermüdliche Arbeit. Fürs Liebesspiel scheinen Sie wie geschaffen zu sein.

Aszendent Jungfrau kann Ihre angeborene Sparsamkeit bis hin zum Geiz steigern. Sie haben ein Händchen für Geld, leisten sich jedoch keinerlei Luxus. Sie streben im Job beharrlich an die Spitze, wirken jedoch im Privatleben sehr zurückhaltend.

Aszendent Waage dämpft Ihre übertriebene Ordnungsliebe – aber das gleichen Sie mit Ihrem Charme wieder aus. Sie sind so mutig, daß Sie manchmal leichtsinnig wirken. Sie scheinen ein wenig labil zu sein – auch in der Liebe...

Aszendent Skorpion sorgt dafür, daß Sie oft vor Eifersucht nicht mehr wissen, was Sie tun. Im Beruf sind Sie sehr ehrgeizig und haben damit großen Erfolg. Einziges Manko: Im Privaten und in der Liebe machen Sie sich damit keine Freunde.

Aszendent Schütze läßt Sie kein beschauliches Leben führen: Sie sind in Job und Liebe ständig unterwegs und erfolgreich – dennoch zweifeln Sie oft an sich selbst. Sie leben gesundheitsbewußt und sind in der Liebe wählerisch.

Aszendent Steinbock verstärkt Ihre Sucht nach Erfolg. Sie sind überaus selbstbeherrscht und konzentrieren sich nur auf eines: Ihr berufliches Vorwärtskommen. Dafür bleiben Sie in der Liebe eher schüchtern.

Aszendent Wassermann macht Sie zu einem besonders hilfsbereiten Menschen. Was Ihnen ein wenig abgeht, ist Durchsetzungsvermögen. In der Liebe stört das jedoch nicht.

Aszendent Fische ist daran schuld, daß Sie extrem gefühlsbetont agieren. Sie haben zahlreiche Bekannte und dabei sehr tiefgehende Freundschaften. Ihr Glück suchen Sie oft im Spiel, nicht in der Liebe...

WAS SONST NOCH ZUM STEINBOCK GEHÖRT

Jahrtausende der Astrologie haben gezeigt, daß jedes Sternzeichen nicht nur „seinen" Planetenregenten hat, sondern daß man den einzelnen Tierkreiszeichen eine ganze Reihe von Dingen zuordnen kann. Ob das Farben, Pflanzen oder Mineralien sind, die Ihnen als Steinbock ganz besonders liegen.

♦ Als Steinbock ist Ihnen das Element Erde zugeordnet. Als kardinales Erdzeichen ist Ihnen bestimmt, daß Ihr Verstand von emotionalen Erschütterungen ziemlich unberührt bleibt. Gefühlsregungen suchen sich unterirdisch ihre Bahn und prägen sich dadurch nur um so heftiger Ihrem Unterbewußtsein ein.

♦ Ihre Farbe ist deshalb vielleicht vor allem Braun in all seinen Schattierungen. Außerdem lieben Sie schwarze, blauschwarze, ja auch violettschwarze Töne. Dunkelgrün oder Dunkelgrau sind ebenfalls in Ihrem Kleiderschrank vertreten. Das macht Ihnen die Wahl Ihres ganz persönlichen Stils nicht schwer. Sie werden klassische Kleidung bevorzugen.

◆ Die Pflanzen des Steinbocks sind Efeu, Zypresse, Mistel, Distel, Bohne, Schachtelhalm, Zinnkraut und Pinie. An zarten Blumen schätzen Sie Heidekraut und Alpenveilchen. Die giftige Tollkirsche wird manchmal dem Steinbock zugeordnet, auch die Wiesenflockenblume, die gegen Entzündungen hilft, und der Wegerich, der ebenfalls als Heilkraut Anwendung findet.

◆ Ihre Glückssteine sind Onyx, Turmalin, Bleikristall und – ganz schlicht! – der Diamant. Dem Steinbock ordnet man von alters her als Metall das Blei zu. Leider kann man darin keinen Schmuck einfassen. Viele Steinböcke tragen jahrelang als Glücksbringer ein Bleistückchen mit sich herum, das sie Silvester mal gegossen haben.

Wer an die Heilkraft der Edelsteine glaubt, weiß: Onyx muß lange am Körper getragen werden, dann entfaltet er seine Kraft gegen Entzündungen, gegen Schwerhörigkeit und Sehschwäche sowie Nervenerkrankungen. Turmalin hilft gegen Gleichgewichtsstörungen und gegen Depressionen; Malachit fördert das Wachstum und lindert Herzbeschwerden; Moosachat wirkt anregend auf Bauchspeicheldrüse und Lymphsystem. Der Diamant schließlich schützt vor Streß und Erschöpfung und kräftigt alle Organe und Körperfunktionen.

◆ Steinböcke haben für Schmuck etwas übrig, verbinden sich doch bei Juwelen und Geschmeide Wertanlage und schöne Optik. Frau Steinbock mag klassisch schönen Schmuck, den sie jahrelang tragen kann. Dabei sagt ihr ein schlichter Diamant in entsprechender Größe besonders zu. Gold lieben beide Steinböcke in allen Variationen. Auch Platin kommt in Frage. Sie werden stets nur wenige ausgewählte Stücke tragen und nicht überhäuft mit Pretiosen auftreten.

KAPITEL

DER LEBENSKREIS DES STEINBOCKS

Ob als Kleinkind oder als Senior im hohen
Greisenalter: einen Steinbock wird man stets
erkennen. Sie haben einfach Eigenschaften,
die Sie nicht verstecken können – und die Sie
zumeist auch gar nicht verstecken wollen.

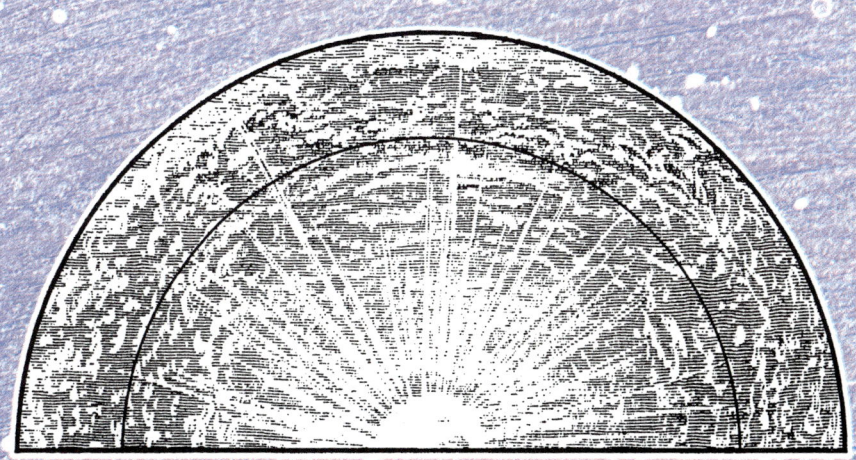

ALS KIND

Schon als Baby ist der kleine Steinbock sehr willens-
stark. Er bekommt, was er sich wünscht – und wenn er
sich dafür die Seele aus dem Leib schreien muß.
Besonders in hellhörigen Mietwohnungen ist da eine
vernünftige Erziehung fast unmöglich – außer, die Eltern
ziehen es einmal richtig durch, und geben dem fordern-
den Geschrei ihres Sprößlings nicht sofort nach.

In der Schule, aber auch schon im Kindergarten, neigt
der Steinbock dazu, sich sämtliche Krankheiten ein-
zufangen. Im Kindergarten grassieren Masern? Die
Eltern können sicher sein: Ihr Steinböckchen ist eines
der ersten, das sich ansteckt. Das gleiche ist's mit
Windpocken, Röteln, Scharlach, Grippe – Steinbock-
eltern sollten sich die Nummer des Kinderarztes gut
sichtbar in der Nähe des Telefons deponieren. Im
Laufe der Jahre stärkt sich jedoch die Widerstandskraft – und dann kann einen Steinbock nichts mehr
erschüttern. Zumindest gesundheitlich.

Jeder Steinbock stellt an sich selbst von klein auf hohe
und höchste Ansprüche. Bereits in der Vorschule kann
er vielleicht schon ein wenig lesen. In der Schule kann
es passieren, daß der Steinbock schon vor Beginn des
Schuljahres die Schulbücher durchgeschmökert und
den Stoff „gefressen" hat. Er hat es allerdings nicht
gerne, wenn er auf Fehler und Flüchtigkeiten aufmerk-
sam gemacht wird; es müßte denn auf sehr vorsichtige
und behutsame Art und Weise geschehen. Kritik kann
kein Steinbock besonders gut ertragen – auch später als
Erwachsener übrigens nicht. Das liegt aber nicht daran,
daß er sich ärgert, weil ein anderer an ihm herumkrit-
telt. Vielmehr sind Steinböcke oft tief im Innern der
Überzeugung, daß sie tatsächlich keine guten Leistungen erbringen. Sie empfinden Gefühle der Minderwer-
tigkeit und neigen daher, schon im Kindesalter, zu
Phasen des Trübsinns, ja der Depression.

Als Teenie

Vor allem in der Pubertät läßt sich diese innere Unsicherheit nur sehr schwer ausräumen. In der Erziehung müssen Eltern und Lehrer daher ganz bewußt mit viel Lob arbeiten. Das gilt selbstverständlich auch für die Berufsausbildung. Pflichtbewußt und lerneifrig ist der Steinbock von alleine; er neigt jedoch dazu, von sich selbst Perfektion zu verlangen. Da die aber kein Mensch auf Dauer bringen kann, ist das Scheitern in vieler Hinsicht natürlich vorprogrammiert, beim Turnen und Schwimmen ebenso wie im Mathetest oder bei Abschlußprüfungen. Die Eltern tun also gut daran, ihre eigenen Ziele und die Forderungen an ihr Kind eher herunterzuschrauben.

Steinböcke neigen dazu, als Einzelgänger durchs Leben zu gehen. Schon in der Schule sind sie oft gehemmt, fühlen sich in der Gegenwart anderer – und gar Fremder! – nicht so recht wohl. Sie lernen langsam, aber stetig, und sie wissen schon sehr früh, was sie wollen. Von Jugend an wird ein Steinbock schon ernsthaft für die Zukunft arbeiten: Er gehört nämlich einem Sternzeichen an, in dessen Charakter es liegt, unbeirrt seinem Ziel nachzueifern und sich in nichts davon abbringen zu lassen.

Zwischen 20 und 30

Zwischen 20 und 30 ist der Steinbock oft noch recht hektisch. Er will im Job und im Privaten jeden von sich überzeugen, dabei kommt er nur schwer zur Ruhe. Entspannung und Muße sind Fremdworte für ihn. Sein Verantwortungsbewußtsein wächst in diesen Jahren. Ende 20 dann will er sein Leben so eingerichtet haben, wie er es geplant hat: Die Zeit des Austobens ist dann vorbei.

Zwischen 30 und 40

Zwischen 30 und 40 sieht der Steinbock oft noch sehr jung aus – trotz mancher Sorgenfalte auf seiner (bzw. ihrer) Stirn. Sicherheit im Leben ist ihm die Hauptsache – vor allem materielle Absicherung. Ihr widmet er seine ganze Zeit und Kraft, so kommt die Liebe manchmal zu kurz. Steinböcke sind oft Spätentwickler. Manchmal lassen sie ihren ersten Beruf einfach hinter sich und widmen sich einem zweiten, der schon immer ihr heimlicher Lebenstraum gewesen war. Erst jetzt entdecken sie ihre wahren eigenen Gefühle und fangen an, die Freuden des Lebens zu genießen. Dazu gehört auch die Liebe.

Zwischen 40 und 50

Zwischen 40 und 50 hat sich ein Steinbock noch immer seine Jugend bewahrt – vor allem äußerlich. Er weiß: Er steht in der Blüte seines Lebens. Er wird in beruflichen Belangen, besonders von Jüngeren – und das ist heute keine Selbstverständlichkeit – als Koryphäe anerkannt. Er hat schon viel erreicht und hat sich noch viel vorgenommen. Bei seiner Ausdauer und seiner Beständigkeit ist das kein Problem!

Zwischen 50 und 60

Zwischen 50 und 60 sollte auch ein Steinbock ein wenig mehr auf seine Gesundheit achten, selbst wenn er sich fühlt, als könne er jeden Tag Bäume ausreißen. Der innere Druck, stets perfekt zu sein, kann übermächtig werden und zu allerlei psychosomatischen Beschwerden führen. Deshalb gilt jetzt: nicht übertreiben und allmählich etwas kürzertreten!

ÜBER 60

Über 60 zu sein, bedeutet für den Steinbock noch lange nicht, daß er auf einer Bank im (eigenen!) Garten sitzt und den lieben Gott einen guten Mann sein läßt. Ruhestand hat für ihn keine andere Bedeutung, als daß er endlich all die Ideen verwirklichen kann, zu denen er bisher noch nicht so recht Zeit gefunden hat. Ständig wird er herumwerkeln: im Haus, im Garten, bei seinen Hobbys. Mancher Steinbock wendet sich jetzt seinem Hobby so intensiv zu, daß daraus beinahe sein dritter Beruf werden kann.

KAPITEL

4

Der Steinbock und die Liebe

Jeder irrt sich, der glaubt, einen Steinbock würde nichts anderes interessieren außer Beruf und Karriere, außer Finanzen und materieller Sicherheit. Hinter seinem kühl rechnenden Verstand verbirgt sich nämlich ein wahres Liebeswunder: Kaum eines der zwölf Sternzeichen ist zu solchen Leidenschaften in bezug aufs andere Geschlecht fähig.

So liebt der Steinbockmann

In Liebesdingen gehört der Steinbockmann zu den begehrtesten und diskretesten Liebhabern. Jede Frau kann sich blind darauf verlassen, daß Herr Steinbock nicht etwa mit seinen Abenteuern und seinen Erfolgen bei den Damen herumprotzt. Seine guten Manieren, die ihm schon in die Wiege gelegt wurden, tragen dazu bei, daß er rücksichtsloses Verhalten in allen Lebenslagen geradezu verabscheut.

Die meisten Frauen fühlen sich einfach wohl in seiner Gegenwart. Sie bewundern seinen Verstand, seine Treue und seine Aufrichtigkeit. Sie sollten jedoch niemals vergessen, daß Herr Steinbock natürlich von seiner Partnerin – gerade dann, wenn es um eine so wichtige Sache wie Liebe und Partnerschaft geht – ebenfalls Ehrlichkeit und Aufrichtigkeit erwartet. Und zwar bedingungslos und ohne irgendeine Einschränkung. Mit Lüge und Verstellung, mit Heimlichkeiten und Intrigenspiel kann man ihm nicht kommen. Einen Steinbock wickelt man nicht mit großartigen Taten um den Finger. Ihn beeindrucken viel mehr Kleinigkeiten, die das Alltagsleben erleichtern und verschönern. Erfolge im kleinen Rahmen imponieren ihm, denn dabei bekommt er niemals das Gefühl vermittelt, seine Partnerin wäre ihm überlegen.

Steinböcke können wenig mit harmlosen Flirts und Herumtändelei anfangen. Sie sind keine guten Verlierer, deshalb haben sie gerne das Gefühl, sie seien ihres „Sieges" in Sachen Liebe ziemlich sicher, bevor sie Gefühle und Zeit investieren. Hier kommt der typische Charakterzug eines Steinbocks dann doch wieder durch: Auch die Liebe muß sich „rentieren", muß ein ausgeglichenes Geben und Nehmen sein. Hat er dagegen das Gefühl, daß die Dame seines Herzens ihn nur ausnutzt, er selbst aber nicht auf seine Kosten kommt, so wird er diese Beziehung schnell beenden.

Kleinigkeiten, die eine Frau schätzt, wie Blumen oder Präsente, sind nicht so recht sein Stil. Im Gegenteil: Hat Amors Pfeil einen Steinbock einmal so richtig getroffen, so vergißt er alles, um seiner Herzdame nahe zu sein – sogar seine guten Manieren.

Natürlich erwartet ein Steinbock von seiner Partnerin ähnliche Reaktionen. Er kann sich gar nicht vorstellen, daß jemand seine Liebe anders äußern könnte, als er es tut. Oft versucht er, sein weibliches Idealbild der Realität anzupassen. Hinzu kommt, daß Herr Steinbock nicht einsehen mag, wieso seine Partnerin außer ihm auch noch andere Herren eines Blickes würdigt. Seine Eifersucht kann – ebenso wie andere Einschränkungen, die er seiner Partnerin aufzuerlegen versucht – zu Streit, ja sogar zu Trennung führen.

Steinböcke gehören zu den begehrtesten und zugleich diskretesten Liebhabern. Steinbockmänner finden an Frauen deren Intelligenz erotisch und brauchen oft längere Zeit, um ihren Leidenschaften freien Lauf zu lassen.

Ein Steinbock wird sich Problemen in seiner Partnerschaft immer mit Verve stellen. Er will Unannehmlichkeiten schnell beseitigen. Dabei sieht er in allen Dingen meist zuerst die positive Seite. Bei Streitigkeiten ist er kein leichter Gegner. Er merkt sich jede Beleidigung, die ihm seine Liebste im Zorn an den Kopf wirft. Um so schlimmer, wenn sie einem Sternzeichen angehört, das sehr impulsiv und spontan reagiert. Zwar streitet er nicht gerne, ist dann sogar eher zurückhaltend. Betrifft es aber ein Thema, bei dem er sich total im Recht fühlt, bleibt er bei seiner Meinung. Niemand wird es einem Steinbock ansehen, wenn er gerade um eine dahingegangene Beziehung trauert. Nach außen hin steckt er alles locker weg; im stillen Kämmerlein jedoch wird er seinen Gefühlen freien Lauf lassen. Die Trennung von einer geliebten Partnerin fällt ihm allerdings auch deshalb weniger schwer, weil er sich ja im Recht sieht. Warum sich also allzulange aus der Welt zurückziehen? Da trifft er sich doch lieber mit guten alten Freunden, die ihn ablenken und auf neue Gedanken bringen. Und ihm dadurch die Chance geben, eine andere kennenzulernen.

So liebt die Steinbockfrau

Steinbockfrauen beweisen oft viel Geduld, um den Auserwählten von ihren Qualitäten zu überzeugen. Sie erwarten auch von ihrem Partner immer Takt, Höflichkeit und ein gehöriges Maß an Sensibilität.

Die Steinbockfrau ähnelt in vielem dem Verhalten ihres Sternzeichenpartners. In einem jedoch unterscheidet sie sich gravierend: Frau Steinbock hat eine geradezu überirdische Geduld. Kein Mann sollte jedoch den Fehler begehen, mit ihren Gefühlen unsensibel umzugehen, sie etwa gar zu mißachten. Dann verwandelt sich die ach so geduldige Steinböckin nämlich plötzlich in eine unnahbare Person, die ihren bis zu diesem Zeitpunkt innigst geliebten Herzkönig eiskalt abfahren läßt. Ist sie in ihren Gefühlen tief getroffen und verletzt, hat er bei ihr keinerlei Chance mehr. Sie selbst nimmt Rücksicht auf andere – vor allem natürlich auf ihren Liebsten – bis hin zur Selbstverleugnung. Und sie erwartet nicht zu Unrecht, daß man ihr dann wenigstens ein Minimum an Sensibilität und Höflichkeit, an Takt und Gefühlen entgegenbringt. Sie ist aufrichtig anderen gegenüber und sie verträgt's durchaus, wenn man ihr die Wahrheit sagt.
Frau Steinbock läßt sich zu nichts zwingen. Umgekehrt jedoch wird sie von ihrem Partner jede Form der Anerkennung und vor allem Verständnis für ihre Stimmungsschwankungen einfordern. Wer ihr mit einem gewissen Respekt gegenübertritt, hat schon halb ihr Herz gewonnen. Gute Manieren und achtbares Benehmen sind ihr sehr wichtig. Sie sieht dies als Zeichen dafür, daß man sie ernst nimmt.
Von flüchtigen Abenteuern hält Frau Steinbock nichts. Was sie aber leider nicht davor bewahrt, selbst oft auf den verkehrten Mann hereinzufallen. Ihr imponiert ein Mann mit gutem Benehmen, der sie anscheinend so akzeptiert, wie sie ist. Sie kann sich auf Grund ihrer angeborenen Aufrichtigkeit auch gar nicht vorstellen, daß jemand ein falsches Spiel treibt. Und so verkennt sie oft, daß ihr vermeintlicher Traumprinz ein Filou ist, der nur sein Vergnügen sucht.

Irgendwann einmal schlägt aber auch für eine Stein-
böckin die große Stunde: Sie lernt ihren wahrhaften
Herzkönig kennen, und er bringt ihr dieselben Gefühle
entgegen wie sie ihm. Er akzeptiert sogar, daß in einer
Ehe oder Partnerschaft sie die Führende sein möchte.
Sie ist die optimale Ehefrau für einen aufstrebenden
Mann, denn es liegt in ihrem Naturell, ihn „anzutrei-
ben" und in seinem Aufstieg zu unterstützen.

Mit Problemen hat die Steinbockfrau im großen und
ganzen keine Schwierigkeiten. Sie versucht sie sobald
als möglich zu lösen, schiebt nichts auf die lange
Bank. Steinbockfrauen sind dennoch keine Streit-
hanseln. Auseinandersetzungen versuchen sie mit
guten Argumenten eher zu schlichten, als sich blind-
lings in den Kampf zu stürzen. Frau Steinbock gehört
nicht zu den Frauen, bei denen Geschirr zu Bruch
geht, wenn's kracht. Sind sie sich einer Sache sehr
sicher, werden sie versuchen, ihre Meinung durchzu-
setzen. Das kann – ähnlich wie bei Herrn Steinbock –
durchaus so weit gehen, daß es zu einem ernsthaften
Zerwürfnis kommt. Vor allem dann, wenn es bei dem
Streit ums alte Thema Treue geht: Frau Steinbock ist
sehr eifersüchtig und besitzergreifend. Sie ist sich
ihrer Gefühle hundertzehnprozentig sicher – und sie
erwartet von ihrem Partner wenigstens hundert
Prozent. Klappt das nicht, merkt sie, daß ihr Liebster
anderen Frauen mehr als wohlwollende Blicke
schenkt, daß er flirtet und fremdgeht, kann sie zur
Furie werden – mit allen Konsequenzen...
So sehr auch eine Steinbockfrau sich natürlich von
einer Trennung getroffen fühlt: zeigen wird sie es niemals – ihrem Noch–Partner ebensowenig wie ihren
Bekannten und Kollegen. Allenfalls ihre beste Freun-
din wird sie in ihr Herzeleid einweihen. Ansonsten
behält sie ihre Gefühle für sich. Und geht bald darauf
wieder mit offenen Augen durch die Welt, um einen
neuen Prinzen zu finden.

KAPITEL

DER STEINBOCK
IN BERUF UND GESCHÄFTSLEBEN

Steinböcke wissen zwar, daß sie an die Spitze gehören und in den meisten Fällen werden sie dort früher oder später auch ankommen. Aber sie haben keinen (Stein-)Bock drauf, sich dafür – wie andere Sternzeichen es tun – abzustrampeln und abzurackern.

WENN EIN STEINBOCK ZUR SCHULE GEHT...

Steinböcke kommen auf bewährten Wegen und mit konservativen Methoden am besten zum Ziel, Ihr beruflicher Ehrgeiz ist nicht auffallend; aber zielstrebig und beständig machen sie Karriere.

...wird man mit immer gleichbleibenden Leistungen bei ihm nicht rechnen können. Viele Steinböcke schwanken das halbe Schuljahr in eher unteren Notenbereichen. Kommt dann aber die alles entscheidende Prüfung, büffeln sie Tag und Nacht. Keiner glaubt mehr an sie, am wenigstens die geplagten Eltern und Lehrer. Dennoch schaffen sie es, mit einer einigermaßen guten Benotung abzuschneiden. Oft sind sie dem Schulstoff um Monate voraus, aber das befördert ihre Leistungen nicht, sondern nimmt ihnen das Interesse an dem jeweiligen Fach. Erst wenn sie ins Hintertreffen geraten, reißen sie sich wieder am Riemen. Auf diese Art überspringen sie auch später in der Berufsausbildung und selbst im Job einige Hindernisse. Fast jeder Steinbock hat außerdem die Begabung, Schwächen anderer zu erkennen und auszunutzen – wenn es ihm selbst weiterhilft. Deshalb ist er noch längst kein berechnender Mensch. Er weiß eben nur instinktiv, wann der beste Zeitpunkt ist, einen Lehrer wegen einer besonders guten Beurteilung anzugehen, einen Ausbilder oder Meister wegen eines Fehlers gutmütig zu stimmen oder im Berufsleben beim Chef die eigenen guten Leistungen besonders herauszustreichen.

DER STEINBOCK UND SEIN JOB

Verantwortung zu übernehmen, macht einem Steinbock nichts aus – im Gegenteil. Allerdings nur dann, wenn es sich wirklich lohnt. Das ist meist eher in späteren Jahren seines Berufslebens der Fall, kaum schon in der Anfangszeit. Hat ein Steinbock einige Jahre Erfahrung im Job hinter sich, kann es sogar gut sein, daß er sich viel zuviel Verantwortung aufbürden läßt. Dennoch wird er an seinen beruflichen Aufgaben nicht scheitern, selbst wenn widrige Umstände gegen ihn sprechen.

Der Ehrgeiz eines Steinbocks äußert sich auf zurückhaltende Art: Experimente sind nichts für ihn, er hält sich lieber an konservative und altbewährte Methoden. Steinböcke sind ziemlich ausgeglichen und ruhig, lassen sich aber beileibe nicht alles gefallen. Sie sind fähig, ihre eigene Meinung vehement zu vertreten. Da sprüht der Steinbock vor Energie, da kann er sogar aggressiv werden. Selbst wenn er normalerweise eher wortkarg ist, zeigt sich in solchen Fällen, daß er über alle nötigen Informationen verfügt und sie auch redegewandt vorbringen kann. In Diskussionen ist er ein guter Wortführer und bleibt der ruhende Pol in der Runde. Er kennt seine Stärken genau; aber er verleugnet oftmals seine Schwäche: sein absolutes Sicherheitsstreben und die daraus folgende Unwilligkeit, Risiken einzugehen. Um für sein Leben Sicherheiten zu schaffen, setzt ein Steinbock nichts aufs Spiel. Deshalb wird er zum Beispiel keinesfalls zulassen, daß sein Privatleben in den Job hineinspielt. Das geht soweit, daß man ihn nicht mal im Büro anrufen darf. Private Telefonate sind schließlich in keiner Firma erlaubt, und der Steinbock möchte auf keinen Fall, daß sein Chef glaubt, er könne Familie und Job nicht trennen oder würde sich durch familiäre Angelegenheiten von seiner Arbeit ablenken lassen.

BERUFE MIT KARRIERECHANCEN

Auf jeden Fall sollte sich der Steinbock für einen Beruf entscheiden, in dem er früher oder später Verantwortung übernehmen kann und muß. Er mag es, wenn er gefordert wird – langweilige Monotonie ist seine Sache

nicht. Weil Steinböcke sehr gründlich arbeiten, könnte man sie sich gut in der Buchhaltungsabteilung einer Firma, im Rechnungswesen oder als Computerprogrammierer vorstellen.

Viele Steinböcke haben ein gutes Gehör für Musik und Töne. So wäre womöglich eine Stellung in der Musikindustrie das richtige – weniger vielleicht im kreativen Bereich als im Marketing. Da es kaum einen Steinbock stört, Untergebener zu sein, also zu „dienen", kommt für einen Steinbockmann eine militärische Laufbahn in Frage. Er wird ein strenger, aber gerechter Offizier sein.

In der Immobilienbranche, als Börsenmakler, oder auch im Journalismus kann der Steinbock sich einen guten Namen machen – speziell als Kunst- oder Musikkritiker. Seine Kritiken werden geschliffen, aber immer objektiv sein. Er reist gerne, deshalb wird er sich in der Touristikbranche ebenfalls wohl fühlen. Geschaffen wäre er als Berater für das Management eines großen Unternehmens oder für den Aufbau einer Organisation. Da es ihm nicht schwerfällt, die Fehler anderer auszumerzen, könnte ein Steinbock für den Wiederaufbau einer maroden Firma der Richtige sein.

Im naturwissenschaftlichen Bereich sind manche Steinböcke wirklich Experten. Sie analysieren sehr genau, sind gründliche Tüftler und könnten als solche zum Beispiel gut in den Labors einer Pharma- oder Chemiefirma arbeiten. Auch in der Baubranche, in der Mathematik, als Historiker, Landwirt, Astronom, ja sogar Politiker haben Steinböcke Erfolg: Fast jede Beschäftigung ist ihnen lieb – solange sie eine verantwortungsvolle und produktive Tätigkeit ausüben.

DER STEINBOCK IM ARBEITSALLTAG

Es macht einem Steinbock überhaupt nichts aus, „Untergebener" zu sein. Er weiß: Der Aufstieg ist ihm sicher – langsam aber stetig klettert er auf der Karriereleiter nach oben. Seine absolute Zuverlässigkeit und sein Arbeitseifer sind der Riesenvorteil, den er seinen Kollegen voraus hat. Sein Unternehmungsgeist, seine Entschlossenheit und sein Einfallsreichtum machen's möglich, daß sich für ihn der „amerikanische Traum" – vom Tellerwäscher zum eigenen Imperium – erfüllt. Mancher Chef merkt eben gar nicht, daß er sich mit dem strebsamen Steinbock einen gefährlichen Konkurrenten heranzieht...

Steinböcke arbeiten oft lange und gern als Untergebene. Ihr Unternehmungsgeist drängt sich nicht in den Vordergrund, macht sie aber zu gefragten Mitarbeitern.

Ist ein Steinbock als Vorgesetzter tätig, wird er schnell durchsetzen, daß in seiner Abteilung alles nach seinen Richtlinien und Vorstellungen abläuft. Von Gerechtigkeit und Fairneß hat er feste Vorstellungen. Steinböcke stehen jedem gerne mit Rat und Tat zur Seite – auch und ganz besonders Untergebenen. Kritik seiner Mitarbeiter hört er allerdings ungern. Aber wer mag das schon?

DIE FINANZEN DES STEINBOCKS

Ebenso wie im Beruf geht der Steinbock im Finanzbereich systematisch und bedächtig vor. Liquiditätsreserve, kurz- und mittelfristige Anlagen im Rentenbereich, deutsche und europäische Aktienwerte, abgerundet durch Immobilienengagements und derivate Börsenprodukte – das ist sein Vermögensaufbau.

Beizeiten wird er eigenen Immobilienbesitz erwerben; fast niemals wird er sich auf spekulative Geschäfte einlassen. Allerdings hat er ein „Händchen" an der Börse, weil er antizyklisch kauft und sich von kurzfristigen Marktschwankungen nicht verrückt machen läßt.

KAPITEL

6

DER STEINBOCK
IN URLAUB UND FREIZEIT

Der Steinbock ist kein ausgesprochener Ferientyp. Für ihn ist sein Zuhause sein ein und alles – und dort fühlt er sich am wohlsten. Das hindert ihn jedoch nicht daran, hin und wieder mal Fernweh zu haben. Aber stets hat er dabei im Hinterkopf das Motto: „Ob Nord, ob Süd, ob Ost, ob West – zu Hause ist's am best'!"

Urlaubsorte, Ferienziele

Bevorzugte Urlaubsgebiete eines Steinbocks sind Österreich, Ungarn und Bulgarien sowie Indien, Mexiko oder Island – eine weit gefächerte Palette also. Faulenzen und Nichtstun mag anderen ja Spaß machen – einem Steinbock nicht. Dazu ist er viel zu unternehmungslustig. Steinböcke erkunden lieber die Gegend, beschäftigen sich ausgiebig mit der Kultur eines fremden Landes, mit den Sitten und Gebräuchen anderer Menschen. Ungern halten sie sich nur an einem einzigen Ort auf, machen lieber eine Rundreise oder eine Urlaubsfahrt mit dem eigenen Wagen. Eine Ausnahme sind natürlich Städtereisen, an denen man für ein paar Tage oder vielleicht sogar eine Woche in derselben Stadt verweilt. Einen Steinbock zieht es da vor allem nach Brüssel, Oxford, Prag, Krakau oder Moskau.

Sport

Einen herumlungernden Steinbock kann man sich fast nicht vorstellen. Er ist viel zu aktiv, um auf der faulen Haut zu liegen. Das gilt nicht nur für den Urlaub, sondern für die gesamte Freizeitgestaltung. Dabei will er aber nicht von Animateuren gefordert werden, will sich nicht anleiten lassen, wie er seine Freizeit (oder auch die Ferien) zu gestalten hat, sondern sucht sich „seine" Sportart selbst aus. Stets will er selbst bestimmen, was er tut, in welchem Ausmaß er Sport treibt. Das kann Wasserski sein oder Motorbootfahren auf dem Meer. Auch fürs Tauchen interessiert sich ein Steinbock durchaus. So manches probiert er aus und vieles wird er testen, einfach um etwas Neues kennenzulernen und seine Fähigkeiten unter Beweis zu stellen. Steinböcke sind ehrgeizig – nicht nur im Beruf! Auch beim Sport wollen sie stets die Ersten sein.

HOBBY

Oft widmen sich Steinböcke der ernsten Literatur.
Viele haben eine ausgesprochene Neigung zur klassischen Musik. Aber am liebsten haben sie es, wenn sie
in geselliger Runde mit Freunden zusammensitzen;
dabei sind sie stets für einen Spaß zu haben, stehen
aber auch bereitwillig für ernste Grundsatzdiskus-
sionen zur Verfügung. Hat der Steinbock eine eigene
Wohnung oder ein eigenes Haus, so wird dieses Heim
sein wichtigstes Hobby: Er bastelt und tapeziert, er
schreinert und mauert. Pläne für seine Umbauten zu
schmieden, macht ihm schon einen Riesenspaß. Und
die Ausführung ist ihm die doppelte Freude.

FAMILIENLEBEN

Für die Familie tut der Steinbock fast alles. Mit ihr
identifiziert er sich, ihr widmet er sich mit größter
Hingabe. Die Steinbockfrau ist dabei sowohl ihrem
Partner wie auch ihren Kindern gegenüber geduldig
und verständnisvoll. Sie erzieht sie nach den
Grundsätzen von Fairneß und Gerechtigkeit, kann
aber auch sehr gut das Gefühl von Liebe und
Geborgenheit vermitteln, das gerade für Steinbock-
sprößlinge so wichtig ist. Steinbockväter werden sich
für die Familie verantwortlich fühlen, alle Pflichten
erledigen und sich niemals über den Doppelstreß Job
und Familie beklagen. Sie erwarten jedoch, daß der
Nachwuchs ihnen gehorcht. Dabei will der Steinbockmann keinen sklavischen Gehorsam, aber er möchte
in seiner Autorität respektiert werden. Gutes Benehmen
ist für einen Steinbock wirklich wichtig, und er verabscheut nichts mehr als eine schlechte Kinderstube.
Also wird er danach streben, daß seine Sprößlinge in
dieser Hinsicht keine Wünsche offenlassen.

KULINARISCHES

Restaurants der Extraklasse mit der entsprechenden Eleganz und den zugehörigen Sternen – das gehört zum Steinbock wie das Ei zur Henne. Ein Steinbock liebt ausgefallene Gerichte, edel angerichtet, aber auch schlicht und einfach dekoriert. An Gewürzen darf's nicht fehlen, es sollte aber keinesfalls zu scharf sein. Derbe Hausmannskost schmeckt ihm nur hin und wieder. Dazu genehmigt er sich dann schon mal ein Bierchen; sonst ist eher ein guter Wein, vor dem Essen natürlich ein Aperitif und danach ein Digestif, seine Sache. Zum vornehmen Steinbockwesen gehört selbstverständlich, daß er seinen Teller nicht bis über den Rand belädt. Bei Drinks und Cocktails dürfen saure Geschmacksrichtungen und starke Alkoholika nicht fehlen. Auch hier bevorzugt er schlichte Eleganz: Warum einen mit Kapstachelbeere und Blüte verzierten Cocktail wählen, wenn's auch ein Wodka Lemon tut...
In der eigenen Küche des Steinbocks könnte mancher andere gute Koch vor Neid erblassen. Sein Organisationstalent macht sich vor allem hier bemerkbar. Ob große Hochzeitsgesellschaft, ob Silvesterparty oder Dinner für zwei – ein Steinbock wird eine Bravourleistung hinlegen. Stets weiß er ein Klassemenü zu kreieren: alle Zutaten fein abgestimmt, mit Gewürzen abgerundet, die einzelnen Gänge perfekt serviert und der Tisch wunderschön dekoriert – in schlichter Eleganz, niemals überladen.

GARDEROBE

Die Steinbockfrau kleidet sich klassisch, teilweise sportlich mit gekonntem Understatement. Niemals wird man sie in schrillem Outfit antreffen. Ebenso wie in ihrem übrigen Leben ist auch die Kleidung „organisiert". Gewagte Kombinationen trägt sie selten, stets

ist alles perfekt und klassisch aufeinander abgestimmt. Auf Farben legt Frau Steinbock großen Wert.
Sie wählt meist gedämpfte Töne aus: im Sommer luf-
tig-helle Pastells, im Winter eher dunklere Töne.
Jeans weiß sie mit einem schicken Blazer perfekt zu
kombinieren.

Herr Steinbock läuft selten in unordentlicher Kleidung
herum – bestenfalls bei der Gartenarbeit oder beim
Heimwerken trifft man ihn in abgewetzten Jeans an.
Sonst achtet er sehr auf sein Äußeres. Nicht immer
trägt er Anzüge, oft sieht man ihn in gut ausgewählten,
farblich aufeinander abgestimmten Kombinationen. In
der Freizeit mag er's eher leger – aber auch da ist alles
von bester Qualität und niemals schlampig.

DÜFTE UND MAKE-UP

Von verspielten, koketten Blumendüften läßt Frau
Steinbock besser die Finger. An ihr wirken herbe, frische Noten mit zurückhaltender Exotik viel besser
und anziehender. Fruchtige oder würzig-grüne Duft-
elemente mit dem Geruch nach Wald und Natur sind
optimal, ebenso etwas pudrige, erotisierende Duft-
noten. Sie verleihen ihr einen Hauch von sinnlicher
Wärme. Herr Steinbock mag kräftige Holzdüfte und
wohlriechende Wurzeln – also erdige Noten wie Zirbel-
kiefer, Zeder und Zypresse.

Auf ihr Äußeres legt die Steinbockfrau sehr großen
Wert. Mit ungewaschenen Haaren würde sie nicht einmal frühmorgens zum Bäcker eilen. Ein dezentes
Make-up wird sie immer tragen. Das wird gekonnt auf-
gelegt und wirkt niemals aufdringlich. Zum Theater-
besuch, beim Opernball oder einer anderen Festlichkeit weiß sie sich ebenso zu schminken wie zu jeder
sonstigen Gelegenheit. Stets wird das Make-up in den
Farben perfekt auf die Kleidung abgestimmt sein.

KAPITEL

7

Gesundheit und Fitness des Steinbocks

In der Astromedizin sind dem Steinbock die Knie und alle Gelenke zugeordnet – und deshalb sind alle Beschwerden, die in diesen Körperteilen auftreten, besonders steinbock-typisch. Er ist anfällig für Gicht, Haltungsfehler, Probleme mit dem Meniskus und auch für Rheumatismus.

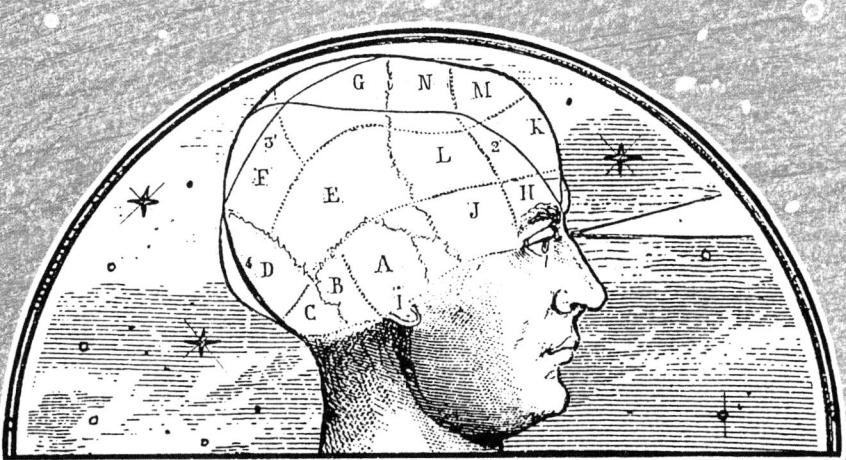

AUF HALTUNG ACHTEN

Steinböcke sollten Haltungsschäden und die ersten Stiche im Kreuz ernst nehmen; ihr Arbeitspensum tut sonst den Bandscheiben nicht wohl.

Steinböcke sind wahre Arbeitstiere, die sich kaum eine Minute der Entspannung und der Muße gönnen. Dadurch sind ihre Nerven oft in Mitleidenschaft gezogen. Aber häufig beobachtete Fehlhaltungen sind keine Schönheitsfehler, sondern können aufs Gesamtbefinden durchschlagen. Kaum ein Vertreter dieses Sternzeichens neigt zum Kränkeln und zu übertriebener Vorsicht in bezug auf die Gesundheit. Empfindlich können lediglich Verdauungsorgane und Magen sein. Weil man dies jedoch mit einer kleinen Ernährungsumstellung in den Griff bekommen kann, wird diese Schwäche nur in den seltensten Fällen zu einem gravierenden Problem.

Oft erreicht der Steinbock ein sehr hohes Alter und erfreut sich bis zuletzt bester Gesundheit, abgesehen von den kleinen Wehwehchen, die fast jeden Menschen mal mehr, mal weniger treffen.

Es gibt allerdings etwas, was einen Steinbock immer wieder in Mitleidenschaft zieht: Er neigt zu Erkältungskrankheiten. Liegt ein Grippevirus in der Luft, wird der Steinbock sicher nicht davon verschont. Was ihn und seine Abwehrkräfte ebenfalls negativ beeinflussen kann, ist seine absolut skeptische, häufig pessimistische Lebenseinstellung. Bei vielen Angelegenheiten kann sich ein Steinbock überhaupt nicht vorstellen, daß es eine positive Seite geben könnte. Diese Denkweise beherrscht seinen Geist, seine Seele – und natürlich seinen Körper. Psychosomatische Beschwerden können die Folge sein.

Das ernste Wesen und die realistische Lebenseinstellung eines Steinbocks machen ihn manchmal zu einem rechten Weltverbesserer. Er hat seine Prinzipien und Ziele – und dies für sein ganzes Leben. Wechsel und Wandel sind bei ihm meist nicht vorgesehen. Er findet zum Beispiel, nur durch Disziplin und durch Einschränkung erreicht man Freiheit und Wohlstand. Dafür steht er ein. Das zieht er durch. Und er ist deshalb zunächst einmal jedem gegenüber mißtrauisch, der anders handelt, der andere Prinzipien hat. Nur schwer wird er einsehen, daß seine Lebenseinstellung nicht die alleinseligmachende ist – weder für ihn selbst und noch viel weniger für seine Mitmenschen. So stößt der Steinbock oft auf Widerstand, auch bei den Menschen die ihm lieb und teuer sind. Daß diese Widerstände ihn oft tief treffen, ist verständlich. Dennoch sollte er nicht verzagen, sondern sich bemühen, den Ratschlag und die Lebensweisheiten anderer nicht rundheraus abzulehnen und wenigstens wohlwollend in Erwägung zu ziehen.

Natürlich muß man negative Dinge ändern, doch dies kann auch der Steinbock viel besser, wenn er lächelnd und unbeschwert an alle Probleme herangeht. Etwas mehr Optimismus – nicht auf einen Schlag, sondern Schritt für Schritt – täte ihm also rundherum gut. Dabei könnten Entspannungs- und Meditationsübungen helfen. Mit der Weisheit fernöstlicher Praktiken – also Yoga oder Tai Chi – würde sicher auch ein Steinbock zu mehr innerer Harmonie und Ausgeglichenheit finden.

Einen Ausgleichssport braucht der Steinbock, der oft stundenlang wie festgeschmiedet am Schreibtisch hockt, unbedingt.

SPORT UND FITNESS

Lange Spaziergänge und viel frische Luft beruhigen die angegriffenen Nerven und tun dem Steinbock gut. Er ist ein sehr aktiver Mensch, und so wird er Sport schon fast als seine Pflichtübung ansehen. Er weiß: Sport ist gesund – und deshalb übt er ihn aus. Dieses manchmal übersteigerte Pflichtbewußtsein, das in fast jedem Steinbock schlummert, sollte aber nicht soweit führen, daß er sich gänzlich ohne Spaß an der Freud' in einem Sport abquält, der ihm überhaupt

nichts gibt. Die Auswahl der richtigen und ausgewogenen körperlichen Betätigung ist also wichtig. Es sollte immer ein Sport sein, der auf einen Ausgleich zwischen Geist, Seele und Körper achtet.

Viele Steinböcke suchen sich eine Sportart vor allem deshalb aus, weil sie neu ist oder weil sie sich dabei total verausgaben können. Aber zuviel Beanspruchung seines Körpers führt ja nicht zu mehr Fitneß, sondern zu Verletzungen und deshalb zu Zwangspausen. Viel besser ist's, jeden Tag ein bißchen was zu tun. Das kann sich dann natürlich schon steigern – in so manchem Steinbock steckt ja ein Spitzensportler. Es gibt kaum eine Sportart, die ihm nicht liegt. Er muß im Laufe der Jahre selbst die für ihn richtige finden. Vor allem muß er darauf achten, eine körperliche Betätigung auszuüben, in der seine doch anfälligen Gelenke und Muskeln nicht über Gebühr beansprucht werden.

Es tut der Gesundheit des Steinbocks keinen Abbruch, wenn er gelegentlich mal kulinarisch über die Stränge schlägt.

ERNÄHRUNG

Steinböcke wissen auf ihre Gesundheit zu achten; gesunde Ernährung ist ihnen selbstverständlich. Gemüse und Salate lieben sie, an Vitaminen, Kohlenhydraten, Ballaststoffen und Eiweiß sowie der „richtigen" Menge Fett fehlt's ihnen kaum. Doch leider schlagen viele Steinböcke oftmals über die Stränge. Und das tut ihrem Magen nicht besonders gut. Hat sie einmal der Teufel geritten, wird das jedoch nicht zum Problem: Herr und Frau Steinbock essen gerne ausgewogen. So bekommen sie eventuelle Verdauungsbeschwerden ebenso schnell in den Griff wie die überzähligen Pfunde um Bauch und Hüfte. Sie sollten sich nur angewöhnen, mit Pfeffer und Paprika sparsam umzugehen und sich mehr auf den Eigengeschmack der Speisen, vielleicht verfeinert mit Kräutern, zu konzentrieren. Das täte Verdauung und Magen gut.

SCHÖNHEIT

Herr und Frau Steinbock vernachlässigen beide nie ihr Äußeres – insofern sind sie auch stets auf ihre Schönheit bedacht. Die Steinbockfrau liebt's dezent – sie wird sich nicht nach dem neuesten modischen Trend stylen, sondern eher auf natürliche Schönheit achten. Ihr Haar trägt sie im klassischen Schnitt, auch hier lehnt sie extravagante Experimente eher ab. Der Steinbockmann ist ebenfalls immer gepflegt. Damit das so bleibt und damit beide lernen, sich bewußter zu entspannen, sollten sie sich wenigstens hin und wieder einen Besuch im Kosmetikstudio gönnen oder sogar mal einen einwöchigen Aufenthalt auf einer Beautyfarm einplanen.

Natürlich wird das einem Steinbock schwerfallen: Es scheint ihm die reinste Vergeudung zu sein, für die äußere Schönheit nicht nur Geld, sondern außerdem noch Zeit aufzuwenden. Aber auch Steinböcke sollten sich bewußt machen, daß Schönheit und innere Harmonie engstens zusammenhängen. Bei all der Hetze im Arbeitsleben, das dem Steinbock ja das Wichtigste überhaupt ist, muß er sich eben anders zu entspannen versuchen. Ein „erzwungener" Schönheitstag oder ein entspanntes Wochenende daheim mit Kräuterbad, Gesichtsmaske und Meditationsmusik wirken oft Wunder. Dabei relaxen die überbeanspruchten Nerven, und man kann dabei so herrlich entspannen. Die Haltung – immer ein Problem bei Steinböcken – wird wieder aufrecht, das allgemeine Wohlbefinden steigert sich. Die Zeit sollten Sie sich nehmen, Sie werden nicht mehr darauf verzichten wollen.

Für Kosmetik und Schönheitsstudios Geld auszugeben, wird dem sparsamen Steinbock schwerfallen.

KAPITEL

8

WIE DER STEINBOCK AN DEN STERNHIMMEL KOMMT

Ziege oder Fisch, Steinbock oder Gott Pan? Die Mythologen sind uneins, was Ihr Sternzeichen am Firmament darstellt. Der Steinbock ist von alters her ein bizarr anmutendes Geschöpf: Kopf und Vorderbeine deuten auf die Gestalt einer Ziege hin, der Schwanz jedoch stammt von einem Fisch.

DER MYTHOS

Mit Ambrosia und Nektar, die aus den Hörnern einer Ziege flossen, wurde der Knabe Zeus einst, als sein Vater Kronos ihm nach dem Leben trachtete, am Berg Ida ernährt.

Wenn auch keine Einigkeit darüber besteht, wie Ihr Sternbild eigentlich an den Himmel gelangte, klar ist jedenfalls, daß mindestens zwei griechische Sagen sich um seine Entstehung ranken.

Die erste berichtet, daß der Titan Kronos fest an eine Prophezeiung glaubte (wie sich herausstellte: zu Recht!), nach der einer seiner Sprößlinge ihn entmachten würde. Um einer solchen Revolution im alten Götterhimmel zuvorzukommen, verschlang Kronos kurzerhand seine Nachkommenschaft – bis auf eine Ausnahme: sein Sohn Zeus überlebte durch die List seiner Mutter Rhea (klar, daß er dann später „derjenige, welcher" war!). Sie brachte den Säugling nach Kreta, wo er in einer Grotte des Berges Ida aufwuchs. Ernährt wurde der kleine Zeus dort von Ambrosia und Nektar, die aus den Hörnern der Ziege Amaltheia flossen. Der lateinische Name des Sternbilds – Capricornus – bedeutet denn auch „Ziegenhorn". Zum Dank für die liebevolle Aufzucht schenkte Zeus seiner tierischen Amme später einen Platz am Sternhimmel. Damit ist allerdings noch nicht erklärt, woher das fischige Unterteil des Steinbocks kommt. Man weiß nur: Das Sternzeichen ist sehr alt; schon Sumerer und Babylonier kannten den „Ziegenfisch" – er war das Emblem des babylonischen Gottes Ea, den, unter anderem Namen, auch die Hethiter verehrten – und hatten ihn ans Firmament gesetzt.

Die zweite Sage erzählt, der Steinbock sei ein Symbol des Hirtengottes Pan. Dieser soll ein Sohn des Götterboten Hermes gewesen sein. Pan hatte kein direkt ansprechendes Äußeres: Bocksohren und Bocksfuß waren neben einer starken Behaarung Grund genug für seine Mutter (eine unbekannte Nymphe), sich von ihrem Kind loszusagen. Vater Hermes trug das Neugeborene auf den Olymp, und dort nahm sich besonders der Weingott Dionysos seiner an. Pan wurde zum Gott der Hirten und stand im wilden Treiben seinem Ziehvater Dionysos in nichts nach. Weil Pan öfter die kichernden Nymphen bei der Siesta störten, stellte er ihnen gerne nach. Bei einer dieser Gelegenheiten verwandelten sich die Nymphen in Schilf, und Pan fertigte aus dem Schilfrohr die nach ihm benannte Flöte. Unsterblichkeit am Himmel erlangte Pan, weil er Göttervater Zeus beim Kampf gegen die Titanen half. Bei diesem Krieg verwandelten sich die Götter des Olymp in Tiere: Zeus wurde zum Widder, seine Gattin Hera zur weißen Kuh – und Pan schlüpfte sogar in zwei Verwandlungen: seine obere Hälfte wurde zur Ziege, die untere zum Fisch. Diese Gestalt faszinierte Zeus so sehr, daß er sie an den Himmel versetzte.

Das Zeichen des Steinbocks kann in seiner trichterförmigen Gestalt sehr gut auch als Ziegenhorn gedeutet werden.

DER STERNHIMMEL

Der Sage entsprechend kann das Sternbild recht gut als Ziegenhorn gedeutet werden, zieht man auf der Sternkarte die Linien nach. Der α–Stern des Steinbocks heißt bei den Arabern Al Jady oder Algedi; das bedeutet soviel wie „Zicklein". Er ist eigentlich ein Doppelstern und markiert die beiden Hörner des Steinbocks.

Der δ-Stern bildet den Fischschwanz; die Araber nannten ihn Deneb Algedi, den „Schwanz der Geiß". Etwas unterhalb davon läßt sich mit dem Fernglas der Kugelsternhaufen M 30 beobachten.

Früher – zu Zeiten der alten Griechen – stand die Sonne an der Wintersonnenwende (um den 21. Dezember) im Sternbild des Steinbocks. Daher nennt man den Sonnenwendepunkt noch immer den „Wendekreis des Steinbocks" – selbst wenn sich im Laufe der Jahrtausende die Zeitrechnung des Firmaments verschoben hat und heute die Sonne zu diesem Datum noch im Schützen steht.

KAPITEL

PROMINENTE STEINBÖCKE – ANEKDOTEN UND HISTÖRCHEN

Damit Sie ein bißchen angeben können, finden Sie für jeden Tag der Steinbockzeit mindestens einen Prominenten, der es wirklich zu etwas gebracht hat im Leben und den deshalb heute jeder kennt (wenn auch nicht unbedingt liebt!). Sie müssen ihn oder sie ja nicht unbedingt zur eigenen Party einladen…

22. Dezember	Nino Holm (1950) von der *Ersten Allgemeinen Verunsicherung* bringt Ihnen heute ebenso ein Geburtstagsständchen wie Maurice und Robin Gibb (1949) von den *Bee Gees.*
23. Dezember	Angelo Kelly (1981) von der *Kelly Family* singt zusammen mit Helen Schneider (1953) „Happy Birthday", Königin Silvia (1943) reist extra aus Schweden an. Die deutsche Schauspielerin Monika Peitsch (1941) gratuliert ebenso wie Alt-Bundeskanzler Helmut Schmidt (1918).
24. Dezember	Oscarpreisträgerin Sissy Spacek (1949) und der Eisschnelläufer und TV-Moderator Erhard Keller (1944).
25. Dezember	Sängerin Annie Lennox (1954) von den *Eurythmics,* die Fassbinder-Schauspielerin Hanna Schygulla (1943) Krimi-Regisseur Jürgen Roland (1925) und der ehemalige Stern-Chefredakteur Henry Nannen (1913).
26. Dezember	Talkmaster und Nachrichtenmann Ulrich Meyer (1955) und die böse Frau Kling aus der *Lindenstraße,* Annemarie Wendl (1921) sowie Filmbösewicht und Westernheld Richard Widmark (1914).
27. Dezember	Der deutsche TV-Schauspieler Horst Kummeth (1956) und der französische Superstar Gerard Depardieu (1948) sowie Sänger Stephan Sulke (1943) und Altstar Michel Piccoli (1925).
28. Dezember	Der Punk-Geiger Dr. Nigel Kennedy (1956) und US-Filmstar Denzel Washington (1954), die britische Schauspielerin Maggie Smith (1934) und „unser Hildchen" Knef (1925).
29. Dezember	Der deutsche Boxer Graciano Rocchigiani (1963), Rockstar Marianne Faithfull (1943), die amerikanische Primaballerina Gelsey Kirkland (1952) und Hitparadenmacher Dieter Thomas Heck (1937).
30. Dezember	Der amerikanische Choreograph William Forsythe (1949) und Fußball-Bundestrainer Berti Vogts (1946).
31. Dezember	Popsänger Joe McIntiry (1972) von *New Kids on The Block,* die Sängerin Donna Summer (1948), Rockröhre Patti Smith (1946), *Gandhi*-Oscargewinner Ben

Kingsley (1943) der Filmstar Anthony Hopkins (1937) aus dem *Schweigen der Lämmer,* und der Country-sänger John Denver (1943).

Rennfahrer Hans Joachim Stuck (1951) und *Angelique* Michelle Mercier (1939) sowie der Bühnenstar Günter Lamprecht (1930). *1. Januar*

Die französische Filmschauspielerin Marie Trintignant (1962) und die deutsche Tänzerin Konstanze Vernon (1939). *2. Januar*

Formel-Eins-As Michael Schumacher (1969) fährt zur Party vor und trifft dort US-Star Mel Gibson (1956), die Sängerin Olivia Molina (1946) und die Pamela aus *Dallas,* Victoria Principal (1945). *3. Januar*

US-Sänger und Schauspieler Patrick Cassidy (1962), die amerikanische Mezzosopranistin Grace Bumbry (1937) und Boxer Floyd Patterson (1935). *4. Januar*

Popstar D. J. Bobo (1968), die US-Schauspielerin Diane Keaton (1946), der deutsche TV-Star Günther Maria Halmer (1943), der italienische Philosoph und Schriftsteller Umberto Eco, bekannt vor allem durch *Der Name der Rose* (1931) und – als adeliger Farb-tupfer! – der König von Spanien: Juan Carlos (1938). *5. Januar*

Boxweltmeister Henry Maske (1964) und *Mr. Bean* Rowan Atkinson (1955) sowie Italiens Rockstar Adriano Celentano (1938). Astrologin Elisabeth Teissier (1938) schaut für Sie in die Zukunft und Emil Steinberger (1933) kommentiert das Ganze kabarettistisch. *6. Januar*

Oscarpreisträger Nicolas Cage (1964) und „Schtonk"-Star Uwe Ochsenknecht (1956) sowie der „Edgar-Wallace"-Star Pinkas Braun (1923). Und natürlich Chas Addams (1912) – der Erfinder der *Addams Familiy.* *7. Januar*

Rockstar David Bowie (1947) und Blueskönigin Shirley Bassey (1937) veranstalten ein Geburtstagskonzert – Willy Millowitsch (1909) bringt Kölschen Humor mit. *8. Januar*

Popsänger Alexander James McLean (1978) von den *Backstreet Boys* und die Popsängerin Mary Roos (1949) sowie Joan Baez (1941). *9. Januar*

10. Januar	Ex-Boxweltmeister George Forman (1949) und die Reibeisenstimme Rod Steward (1945).
11. Januar	Die schönste Großmutter der Welt, das *Rosenresli* Christine Kaufmann (1945).
12. Januar	Popmusiker Per Gessle (1959) von *Roxette* und die US-Schauspielerin Kirstie Alley (1955) sowie die russische Pianistin Viktoria Postnikova (1944).
13. Januar	Inga Humpe (1956) und John Lees (1947) von *Barclay James Harvest*.
14. Januar	Ein musikalischer Geburtstag: Désirée Nosbusch (1965) moderiert ein Konzert mit Hanne Haller (1950), Ina Deter (1947), Howard Carpendale (1946) und Caterina Valente (1931). US-Star Faye Dunaway (1941) kommt mit TV-Moderator „Stimme" Elmar Gunsch (1931) vorbei.
15. Januar	Tennisstar Mary Pierce (1975) und TV-Moderator Michael Schanze (1947) feiern mit Ihnen, außerdem „Seelchen" Maria Schell (1926).
16. Januar	Die Sängerin Sade (1960), Starregisseur John Carpenter (1948) und Politiker Gregor Gysi (1948). Außerdem Sonnyboy Thomas Fritsch (1944), der Fußballtrainer Udo Lattek (1935) und Ministerpräsident Johannes Rau (1931).
17. Januar	US-Filmschauspieler Jim Carrey (1962) aus *Die Maske* und Gitti Goetz (1959) vom Volksmusikduo *Gitti und Erika;* die französische Chansonnette Françoise Hardy (1944) und Ex-Boxer Muhammad Ali (1942).
18. Januar	US-Filmstar Kevin Costner (1945) und David Ruffin (1941) von den *Temptations.*
19. Januar	Tennis-As Stefan Edberg (1966) und die Schauspielerin und Regisseurin Katharina Thalbach (1954), Robert Palmer (1949) macht zusammen mit „Busenwunder" Dolly Parton (1946) Musik. Außerdem: die US-Filmschauspielerin Tippi Hendren (1926) – bekannt aus Hitchcocks *Die Vögel.*
20. Januar	Blödelstar Wigald Boning (1967), Paul Stanley (1950) von *Kiss* und *Twin Peaks*-Regisseur David Lynch (1946).

ANEKDOTEN UM BERÜHMTE STEINBÖCKE

♦ Gerson Bleichröder (22.12.1822) war in der Ära Bismarcks einer der einflußreichsten Bankiers in Deutschland. Er war sich seiner Bedeutung wohl bewußt. Bei einer Silvesterfeier konnte Bleichröder bei einer Ansprache kurz vor Mitternacht kein Ende finden. Durch Gesten und Deuten auf die Taschenuhren versuchte man ihm klarzumachen, daß jeden Moment die zwölfte Stunde und somit das neue Jahr beginnen würde. Bleichröder unterbrach seine Ansprache kurz und donnerte seine Gäste an: „In meinem Hause bestimme ich selbst, wann Mitternacht ist!"

Gerson Bleichröder

♦ Gustaf Gründgens (22.12.1899) führte im Schauspielhaus am Gendarmenmarkt in einem modernen Stück als Intendant Regie. Kurz vor der Premiere hatte ein junger Schauspieler immer noch Probleme mit seiner Rolle. Auch bei einem längeren Gespräch konnte Regisseur Gründgens mit dem Darsteller keine Klarheit über das Wesen der Figur bekommen. „Fragen wir doch den Dichter", schlug der Schauspieler vor. Gründgens winkte ab: „Das nützt auch nichts. Ich habe ihm selbst vor kurzem erst sein Stück erklärt."

Gustaf Gründgens

♦ Humphrey Bogart (25.12.1899) mußte wegen eines Lächelns in der Öffentlichkeit eine fünfstellige Vertragsstrafe bezahlen. Er hatte bei seiner Filmgesellschaft einen Vertrag unterschrieben, der ihn für zwanzig Jahre als Bösewicht verpflichtete. Es war ihm untersagt, sich in der Öffentlichkeit freundlich und offen zu zeigen. Ein Schurke lächelt nie!!

Humphrey Bogart

♦ Carl Zuckmayer (27.12.1896) war nach einigen Theaterstücken wie dem *Hauptmann von Köpenick* und *Schinderhannes* berühmt geworden. Er erhielt sehr viel Post von seinen Verehrern, auch Bitten um Empfehlungen und Bewerbungen. So hatte sich eine junge Dame bei ihm als Sekretärin beworben: „Ich bin

Carl Zuckmayer

als Sekretärin perfekt, gewandt und bereit, alles für Sie zu tun. Und wenn ich schreibe ‚alles‘, dann meine ich auch wirklich alles!" Zuckmayer ließ diese Offerte unbeantwortet liegen, bis sie seiner Frau in die Hände fiel, die der Bewerberin schrieb: „Vielen Dank für Ihr freundliches Angebot, aber mein Mann hat bereits eine sehr tüchtige Sekretärin. Im übrigen tue ich selbst alles für meinen Mann, und wenn ich schreibe ‚alles‘, dann meine ich auch tatsächlich alles!"

Theodor Fontane

♦ Theodor Fontane (30.12.1819) war nicht nur ein sehr bekannter Romancier, er war auch ein bedeutender Theaterkritiker. Der Autor eines Königsdramas rannte einmal nach der Premiere Theodor Fontane auf der Straße hinterher. „Sie haben während des sechsten Aktes geschlafen!" rief er sehr empört. „Herr Fontane, Sie sind nicht berechtigt, eine Kritik zu schreiben!" „Daß ich eingeschlafen bin, ist ja schon meine Kritik!" antwortete Fontane und versprach dem sehr aufgebrachten Theaterautor, keine Zeile über dessen Stück zu bringen. Er hielt sich auch an sein Versprechen. Am anderen Morgen las man in der *Vossischen Zeitung* statt der Kritik die wortgetreue Wiedergabe des nächtlichen Straßengesprächs.

Cicero

♦ Der Philosoph und Politiker Cicero (3.1.106 v. Chr.) war oft Anwalt und Zeuge und nahm an Gerichtsverhandlungen teil. Einmal wurde ein Fall von Ehebruch verhandelt. In einer sehr theatralischen Rede fragte der Anwalt Pontilius anklagend: „Was ist das für ein Mensch, der bei einem Ehebruch ertappt wird?" „Ohne Zweifel ein langsamer", rief Cicero dazwischen.

Heinrich von Stephan

♦ Heinrich von Stephan (7.1.1831), der spätere Generalpostmeister, besuchte als Postrat auf einer Inspektionsreise unangemeldet das Postamt einer Provinzstadt. Er ging auch ins Telegraphenzimmer, um eine Depesche an seine Frau aufzugeben. Plötzlich begann der Telegraph, vor dem er stand, zu ticken. Noch bevor der diensthabende Beamte den Streifen abreißen konnte, las Stephan: „Achtung – Kollege – Stephan treibt sich irgendwo herum – wird seine Nase überall hineinstecken!" Stephan beugte sich über den Apparat und tippte an den Absender zurück: „Zu spät! Nase schon drin!"

♦ Der Dirigent Hans von Bülow (8.1.1830) wurde von einer Dame der Gesellschaft gebeten, die musikalische Begabung ihrer Tochter zu prüfen. Mutter und Tochter waren überzeugt, daß dem Mädchen eine Karriere als Sängerin bevorstünde. Nach zwei Liedchen verfinsterte sich die Miene Bülows. „Was meinen Sie, Herr von Bülow? Soll meine Tochter Gesang studieren?" „Lassen Sie sie lieber in eine Kolonialwarenhandlung eintreten", antwortete der Dirigent. „Wie soll ich das verstehen?" fragte die Dame pikiert. Bülow antwortete: „Ihre Tochter hat Rosinen im Kopf und Mandeln im Hals."

Hans von Bülow

♦ Heinrich Zille (10.1.1858) gab nur wenig auf sein Äußeres und auf Etikette. Er ging ohne Bedenken in einem grauen, nicht mehr ganz neuen Anzug zu einer sehr vornehmen Abendgesellschaft, zu der er eingeladen war. Der Hausherr erstarrte, als er den Künstler so sah, und führte ihn sogleich in einen Nebenraum. Mit viel Mühe gelang es ihm da, Zille mit Hilfe seines eigenen Smokings gesellschaftsfähig zu machen. Als Zille den Anzug nach der Festlichkeit wieder an den Gastgeber zurückgab, meinte er zu dem Hausherrn: „Wenn der jewisse Weinjeist erst die Leute animiert, denn machen se im Smoking jenauso dreckige Witze wie im Jackett."

Heinrich Zille

♦ Benjamin Franklin (17.1.1706) diskutierte einst in angeregter Runde über metaphysische Themen. Von Franklin wollte man wissen, was er von der Unsterblichkeit der Seele halte. Franklin lächelte, und gab zur Antwort: „Ich bin alt und praktisch veranlagt. Warum sollte ich mir darüber den Kopf zerbrechen? In Kürze werde ich genau wissen, was es damit auf sich hat."

Benjamin Franklin

KAPITEL

10

Goldene Regeln für das Leben als Steinbock

Sind Sie ein „richtiger" Steinbock? Wie wirken Sie auf Ihre Mitwelt? Mit Goldenen Lebensregeln und Checklisten können Sie sich selbst der Prüfung unterziehen, ob Sie als Steinbock bestanden haben.

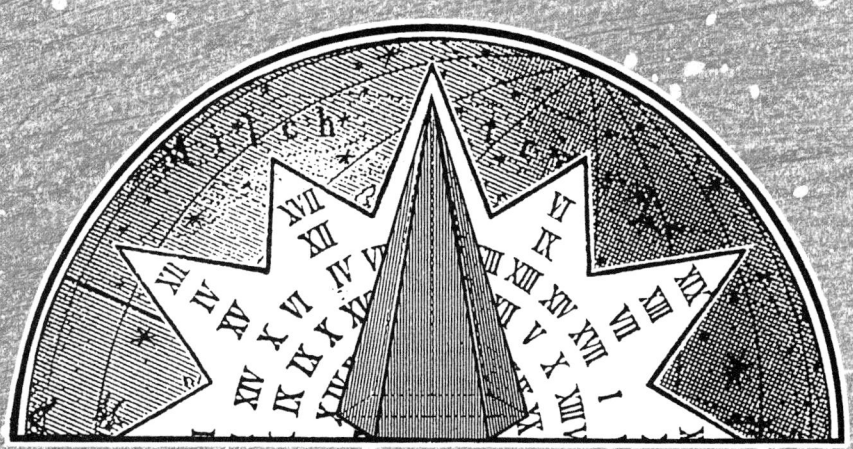

1   Steinböcke sind zielstrebig, sie gehen ihren Weg stetig nach oben. Bedenken Sie hin und wieder: anderen ist diese Zielstrebigkeit einfach nicht gegeben – sie kommen auf Umwegen besser an ihr Ziel! Außerdem ist es wirklich nicht vertane Zeit, sich mal ganz entspannt einfach treiben, die Seele baumeln zu lassen.

2   Steinböcke sind erfolgsorientiert und spornen sich selbst fortwährend an. Stellen Sie die Arbeit wenigstens hin und wieder hintan – Sie können nicht immer nur an der Karriere basteln, sondern sollten auch mal an Ihr Privatleben denken! Wenn Sie von sich selbst ständig Perfektion fordern, bauen Sie Frustrationen auf, und Ihre Arbeit leidet darunter mehr, als wenn Sie mal Fünfe gerade sein lassen.

3   Steinböcke sind fleißig – so jemanden wie sie wünscht sich jeder Chef. Passen Sie auf, daß man Sie nicht ausnutzt und lassen Sie sich nicht zu viele Überstunden aufschwatzen. Widmen Sie Ihre Kraft lieber einem Hobby, das irgendwann Ihr zweiter Beruf werden kann.

4   Steinböcke sind realistisch und können sich fast nie in Träumereien versenken. Ein bißchen Phantasie täte Ihnen manchmal ganz gut – auch und vor allem im Privatleben. Aber auch beruflich benötigen Sie viel Phantasie, um Realist zu bleiben und sich immer wieder neuen Herausforderungen zu stellen.

5   Steinböcke sind hilfsbereit und deshalb bei allen beliebt. Fragen Sie sich jedoch manchmal ganz bewußt, ob man Ihre Hilfe und Freundschaft sucht oder einfach nur ausnutzen will, wenn Sie stets zu Verfügung stehen. Dann sollten Sie Ihre Hilfsbereitschaft nämlich mal eine Zeitlang ein wenig einschränken. Ohne daß Sie ein mißtrauischer Mensch werden müssen, werden Sie schnell erkennen, wer Ihre wahren Freunde sind!

Steinböcke sind geradlinig und halten mit ihrer Meinung nicht hinterm Berg. Sie haben meistens recht, aber Sie bringen das Richtige oft sehr unsensibel und zuweilen selbstgerecht vor. Denken Sie daran: Ihre Offenheit kann auf sensible Gemüter verletzend wirken. Hüten Sie hin und wieder Ihre Zunge und denken Sie sich lieber Ihren Teil. Das erspart Ihnen manchen Ärger. **6**

Steinböcke sind materialistisch und streben vor allem finanzielle Sicherheit an. Sie müssen das Geldausgeben für die richtigen Sachen regelrecht lernen, weil man manchmal auch investieren muß, um einen desto größeren Gewinn zu haben. Gönnen Sie sich auch mal etwas Luxus – das ist noch lange keine Verschwendung, sondern bereichert Ihr Leben im grauen Alltag. Das haben Sie als Arbeitstier wirklich hin und wieder nötig! **7**

Steinböcke sind entschlossen und ziehen ihre Pläne bis zum guten Schluß durch. Haben Sie dennoch Nachsicht mit allen anderen Sternzeichen, denen diese Begabung zur Konzentration und Zielstrebigkeit fehlt. Vielleicht gibt eine andere Sichtweise Ihnen neue Impulse – hören Sie deshalb wenigstens hin, wenn Ihnen Ihr Partner oder Ihre Partnerin Alternativen vorschlägt. **8**

Steinböcke sind charmant und unermüdlich in der Liebe. Sie können sich vielleicht gar nicht vorstellen, daß Ihr Partner oder Ihre Partnerin alles etwas ruhiger angehen lassen möchte. Sie sollten darauf aber Rücksicht nehmen – sonst geht's in der Liebe schief. **9**

Steinböcke sind gewissenhaft und toll im Organisieren. Deshalb wird man Ihnen so manche Aufgabe – im Job ebenso wie im Freundeskreis – übertragen. Sie haben jedoch genauso das Recht auf Freizeit wie Ihre Kollegen oder Bekannten. Lassen Sie sich nicht zuviel aufbürden. **10**

CHECKLISTE: SIND SIE EIN ECHTER STEINBOCKMANN?

		Ja	Nein
1.	Haben Sie eine gute Hand bei allen geschäftlichen Unternehmungen?	3	1
2.	Finden Sie Frauen toll, auf die Sie sich blind verlassen können?	4	2
3.	Lieben Sie es, einen ruhigen Abend im Familienkreis zu verbringen?	3	1
4.	Sind Sie manchmal etwa phlegmatisch?	3	1
5.	Neigen Sie dazu, sich Ihr Leben in Tagträumen auszumalen?	1	4
6.	Stört es Sie, in einer Diskussion mit Ihrer Meinung allein dazustehen?	0	3
7.	Können Sie schnell Entscheidungen treffen?	1	3
8.	Stürzen Sie sich kopfüber in eine Aufgabe, ohne zu prüfen, wie das Resultat ausfallen könnte?	2	4
9.	Gehen Sie bei der Lösung eines Problems besonders gründlich vor?	3	1
10.	Gelten Sie bei Ihren Freunden als überschwenglich und gefühlvoll?	3	1

Auswertung

◆ Bis zu 12 Punkten: Man kann sich kaum vorstellen, daß Sie ein Steinbock sind: Ihr Verhalten ist viel zu spontan, Ihre Phantasie zu groß, Ihre Heiterkeit zu überschwenglich.

◆ 13 bis 24 Punkte zeigen an, daß Sie eine ganze Menge vom „echten" Steinbock an sich haben: Sie kennen Ihre Talente, wägen alles genau ab und haben auch einen guten Riecher für Geldanlagen. Untypisch sind Ihre romantische Sehnsucht nach der großen Liebe und Ihre Lebensfreude.

◆ Mit 25 und mehr Punkten ist klar: Sie sind ein typischer Vertreter Ihres Sternzeichens. Sie gehen allen Dingen auf den Grund und streben, ohne sich beirren zu lassen, Ihrem Lebensziel entgegen. Romantik ist Ihre Sache nicht, Sie sehen alles etwas nüchtern – auch die Liebe. Dennoch sind Sie in Ihrem Familienkreis sehr glücklich.

CHECKLISTE: SIND SIE EINE ECHTE STEINBOCKFRAU?

		Ja	Nein
1.	Tragen Sie Ihr Herz auf der Zunge und platzen mit allen Gefühlen heraus?	3	1
2.	Halten Sie viel von absoluter Treue in einer festen Beziehung?	2	1
3.	Sind Sie unsicher, wie Sie auf andere wirken und wie Sie Ihre Aufgaben erfüllen?	4	1
4.	Kann man Sie als sehr feminine Frau beschreiben?	3	0
5.	Haben Sie Interesse an Prophezeiungen für Ihre Zukunft?	1	4
6.	Sind Sie gerne ausgelassen und fröhlich?	2	3
7.	Wirken Sie auf Ihre Umwelt eher kühl und zurückhaltend?	1	4
8.	Haben Sie etwas gegen einen netten Flirt einzuwenden?	2	4
9.	Beherrschen Sie auf Partys den Small talk mit allen anderen Gästen?	3	1
10.	Kann man Sie schnell zufriedenstellen?	1	3

Auswertung

◆ Bis zu 12 Punkte machen deutlich, daß Sie doch recht wenig vom Steinbock an sich haben: Sie nehmen das Leben leicht, freuen sich an Kleinigkeiten und sind eine Meisterin des unverbindlichen Flirts. Auch an Ehrgeiz mangelt's Ihnen.

◆ 13 bis 24 Punkte zeigen, daß Sie einige der guten Steinbockeigenschaften haben: Sie sind sehr an einer gesicherten Zukunft interessiert. Sie nehmen das Leben nicht auf die leichte Schulter. Beruflich könnten Sie jedoch etwas mehr Ehrgeiz entwickeln.

◆ Bei 25 und mehr Punkten ist klar: Sie sind eine typische Steinbockfrau! Es liegt Ihnen nicht, unbeschwert durchs Leben zu flattern. Abenteuer und Experimente sind Ihnen zuwider. Sie legen Wert auf Sicherheit – im Job ebenso wie in der Liebe. Und damit haben Sie auch Erfolg!

So finden Sie Ihren Aszendenten

Schritt 1: Bestimmen Sie zunächst anhand der Tabelle 1 die genaue Ortszeit Ihres Geburtsortes. Sollten Sie ihn nicht unter den angegebenen Städten finden, wählen Sie die Ihrem Geburtsort nächstgelegene Stadt. Ziehen Sie (bei Vorzeichen Minus) von Ihrer standesamtlichen Geburtszeit diejenige Minutenzahl ab, bzw. fügen Sie die Minuten (bei Pluszeichen) hinzu, die Sie hinter dem entsprechenden Städtenamen finden.

Zum Beispiel Geburtsort Erfurt, Geburtszeit 10.45 Uhr minus 15 Min. = 10.30 Uhr. So erhalten Sie die korrigierte Ortszeit.

(Achtung! In Deutschland, Österreich und in der Schweiz galten verschiedene Sommerzeiten. Sie sind unten kleingedruckt aufgeführt. Fällt Ihr Geburtstag in eine dieser Sommerzeitperioden, müssen Sie eine Stunde – bzw. zwei Stunden bei doppelter Sommerzeit – von Ihrer Geburtszeit abziehen.)

Schritt 2: Suchen Sie jetzt in Tabelle 2 die für Ihren Geburtstag geltende Sternzeit (z.B. 17. Januar = 7.41 Uhr). Addieren Sie die in Schritt 1 korrigierte Ortszeit mit der Sternzeit (z.B. 10.30 + 7.41 = 18.11). Sollte die Summe größer als 24 sein, ziehen Sie bitte 24 wieder ab.

Schritt 3: Suchen Sie nun in Tabelle 3 in der Spalte des für Ihren Geburtsort zutreffenden Breitengrades den Zeitraum, in den die in Schritt 2 errechnete Zeitangabe paßt – und lesen Sie in der rechten Randspalte ab, welcher Aszendent Ihre Geburt beeinflußte.

Unser Beispiel

Geburtstag: 17. Januar 1956, Geburtsort: Erfurt (51°),
Geburtszeit: 10.45 Uhr
1. Korrektur der Ortszeit des Geburtsortes (– 15 Min.) = 10.30 Uhr
2. Addition mit Sternzeit (17. Januar: 7.41) = 18.11 Uhr
3. Suchen des Aszendenten in Tabelle 3 unter 51° = Widder

Sommerzeit in Deutschland
1916: 30. April, 23 Uhr bis 1. Oktober, 1 Uhr. **1917:** 16. April, 2 Uhr bis 17. September, 3 Uhr. **1918:** 15. April, 2 Uhr bis 16. September, 3 Uhr.
1940–1942: 1. April, 2 Uhr bis 2. November, 3 Uhr (durchgehend). **1943:** 29. März, 2 Uhr bis 4. Oktober, 3 Uhr. **1944:** 3 April, 2 Uhr bis 4. Oktober, 3 Uhr. **1945:** 2. April, 2 Uhr bis 16. September, 2 Uhr (in Berlin und in der sowjetischen Besatzungszone vom 24. Mai, 2 Uhr bis 24. September, 3 Uhr doppelte Sommerzeit und vom 24. September, 3 Uhr bis 18. November, 3 Uhr einfache Sommerzeit). **1946:** 14. April, 2 Uhr bis 7. Oktober, 3 Uhr (11. Mai, 3 Uhr bis 29. Juni, 3 Uhr sogen. doppelte Sommerzeit). **1947:** 6. April, 3 Uhr bis 5. Oktober, 3 Uhr. **1948:** 18. April, 2 Uhr bis 3. Oktober, 3 Uhr. **1949:** 10. April, 2 Uhr (in der sowjetischen Besatzungszone 3 Uhr) bis 2. Oktober, 3 Uhr.
Sommerzeit in Österreich
1916–1918: wie Deutschland. **1919:** 28. April, 2 Uhr bis 29. September, 3 Uhr. **1920:** 5. April, 2 Uhr bis 13. September, 3 Uhr.
1940–1944: wie Deutschland. **1945:** 2. April, 2 Uhr bis 18. November, 3 Uhr. **1946–1948** wie Deutschland.
Sommerzeit in der Schweiz
1916: 3. Juni, 2 Uhr bis 30. September, 0 Uhr. **1941:** 5. Mai, 2 Uhr bis 6. Oktober, 0 Uhr. **1942:** 4. Mai, 2 Uhr bis 5. Oktober, 0 Uhr.

Tabelle 1: Berechnung der Ortszeit

Aachen (51°)	– 36 Min.		Kaiserslautern (49°)	– 29 Min.
Augsburg (48°)	– 16 Min.		Karlsruhe (49°)	– 26 Min.
Aussig (50°)	– 4 Min.		Kassel (51°)	– 22 Min.
Baden-Baden (49°)	– 27 Min.		Kiel (54°)	– 20 Min.
Bamberg (50°)	– 16 Min.		Klagenfurt (47°)	– 3 Min.
Basel (48°)	– 30 Min.		Koblenz (50°)	– 26 Min.
Bautzen (51°)	– 2 Min.		Köln (51°)	– 32 Min.
Berlin (53°)	– 6 Min.		Königsberg (55°)	+ 22 Min.
Bern (47°)	– 29 Min.		Konstanz (48°)	– 23 Min.
Bielefeld (52°)	– 26 Min.		Lausanne (46°)	– 33 Min.
Bonn (51°)	– 31 Min.		Leipzig (51°)	– 10 Min.
Braunschweig (52°)	– 18 Min.		Lienz (47°)	– 9 Min.
Bregenz (47°)	– 21 Min.		Lindau (47°)	– 21 Min.
Bremen (53°)	– 25 Min.		Linz/Donau (48°)	– 3 Min.
Breslau (51°)	+ 8 Min.		Lübeck (54°)	– 17 Min.
Brünn (49°)	+ 6 Min.		Luxemburg (50°)	– 35 Min.
Chemnitz (51°)	– 8 Min.		Luzern (47°)	– 27 Min.
Danzig (54°)	+ 15 Min.		Magdeburg (52°)	– 13 Min.
Darmstadt (50°)	– 25 Min.		Mainz (50°)	– 27 Min.
Donaueschingen (48°)	– 26 Min.		Mannheim (49°)	– 26 Min.
Dortmund (52°)	– 30 Min.		München (48°)	– 14 Min.
Dresden (51°)	– 5 Min.		Münster (52°)	– 30 Min.
Düsseldorf (51°)	– 33 Min.		Nürnberg (49°)	– 16 Min.
Duisburg (51°)	– 33 Min.		Oldenburg (53°)	– 27 Min.
Emden (53°)	– 31 Min.		Osnabrück (52°)	– 28 Min.
Emmerich (52°)	– 35 Min.		Passau (49°)	– 6 Min.
Erfurt (51°)	– 15 Min:		Regensburg (49°)	– 12 Min.
Essen (51°)	– 32 Min.		Rostock (54°)	– 12 Min.
Flensburg (55°)	– 22 Min.		Saarbrücken (49°)	– 32 Min.
Frankfurt a.M. (50°)	– 25 Min.		Salzburg (48°)	– 8 Min.
Frankfurt/Oder (53°)	– 2 Min.		Schneidemühl (53°)	+ 7 Min.
Freiburg (48°)	– 29 Min.		St. Gallen (47°)	– 22 Min.
Garmisch (47°)	– 16 Min.		Straßburg (49°)	– 29 Min.
Genf (46°)	– 35 Min.		Stuttgart (49°)	– 23 Min.
Görlitz (51°)	+/– 0 Min.		Trier (50°)	– 33 Min.
Göttingen (51°)	– 20 Min.		Tübingen (49°)	– 24 Min.
Graz (47°)	+ 2 Min.		Ulm (48°)	– 20 Min.
Gumbinnen (55°)	+ 29 Min.		Villach (47°)	– 4 Min.
Halle/Saale (52°)	– 12 Min.		Weimar (51°)	– 15 Min.
Hamburg (54°)	– 20 Min.		Westerland/Sylt (55°)	– 27 Min.
Hannover (52°)	– 21 Min.		Wien (48°)	+ 6 Min.
Heidelberg (49°)	– 25 Min.		Wiesbaden (50°)	– 27 Min.
Hof (50°)	– 12 Min.		Würzburg (50°)	– 20 Min.
Husum (54°)	– 24 Min.		Wuppertal (51°)	– 31 Min.
Innsbruck (47°)	– 14 Min.		Zürich (47°)	– 26 Min.
Jena (51°)	– 14 Min.			

Sommerzeit seit 1980
Von 1980 an gilt in Deutschland (bis 1990 auch DDR), Österreich und in der Schweiz die Sommerzeit – jeweils beginnend um 2 Uhr und endend um 3 Uhr – in den folgenden Zeiträumen.
1980: 6. April bis 28. September. **1981:** 29. März bis 27. September. **1982:** 28. März bis 26. September. **1983:** 27. März bis 25. September. **1984:** 25. März bis 30. September. **1985:** 31. März bis 29. September. **1986:** 30. März bis 28. September. **1987:** 29. März bis 27. September. **1988:** 27. März bis 25. September. **1989:** 26. März bis 24. September. **1990:** 25. März bis 30. September. **1991:** 31. März bis 29. September. **1992:** 29. März bis 27. September. **1993:** 28. März bis 26. September. **1994:** 27. März bis 25. September. **1995:** 25. März bis 30. September. **1996:** 31. März bis 27. Oktober. **1997:** 30. März bis 26. Oktober.

Tabelle 2: Bestimmung der Sternzeit

Tag	Jan. Zeit	Feb. Zeit	März Zeit	April Zeit	Mai Zeit	Juni Zeit	Juli Zeit	Aug. Zeit	Sept. Zeit	Okt. Zeit	Nov. Zeit	Dez. Zeit
1	6.37	8.40	10.34	12.36	14.35	16.37	18.35	20.37	22.39	0.38	2.40	4.38
2	6.41	8.44	10.38	12.40	14.38	16.41	18.39	20.41	22.43	0.42	2.44	4.42
3	6.45	8.48	10.42	12.44	14.42	16.45	18.43	20.45	22.47	0.46	2.48	4.46
4	6.49	8.52	10.46	12.48	14.46	16.49	18.47	20.49	22.51	0.50	2.52	4.49
5	6.53	8.55	10.50	12.52	14.50	16.52	18.51	20.53	22.55	0.54	2.56	4.53
6	6.57	8.59	10.54	12.56	14.54	16.56	18.55	20.57	22.59	0.57	3.00	4.57
7	7.01	9.03	10.58	13.00	14.58	17.00	18.59	21.01	23.03	1.01	3.04	5.01
8	7.05	9.07	11.02	13.04	15.02	17.04	19.03	21.05	23.07	1.05	3.08	5.05
9	7.09	9.11	11.06	13.08	15.06	17.08	19.07	21.09	23.11	1.09	3.11	5.09
10	7.13	9.15	11.10	13.12	15.10	17.12	19.10	21.13	23.15	1.13	3.15	5.13
11	7.17	9.19	11.13	13.16	15.14	17.16	19.14	21.17	23.19	1.17	3.19	5.17
12	7.21	9.23	11.17	13.20	15.18	17.20	19.18	21.21	23.23	1.21	3.23	5.21
13	7.25	9.27	11.21	13.24	15.22	17.24	19.22	21.25	23.27	1.25	3.27	5.25
14	7.29	9.31	11.25	13.27	15.26	17.28	19.26	21.29	23.31	1.29	3.31	5.28
15	7.33	9.35	11.29	13.31	15.30	17.32	19.30	21.32	23.35	1.33	3.35	5.32
16	7-37	9.39	11.33	13.35	15.34	17.36	19.34	21.36	23.39	1.37	3.39	5.36
17	7.41	9.43	11.37	13.39	15.38	17.40	19.38	21.40	23.43	1.41	3.43	5.40
18	7.45	9.47	11.41	13.43	15.42	17.44	19.42	21.44	23.46	1.45	3.47	5.44
19	7.48	9.51	11.45	13.47	15.45	17.48	19.46	21.48	23.50	1.49	3.51	5.48
20	7.52	9.55	11.49	13.51	15.49	17.52	19.50	21.52	23.54	1.53	3.55	5.52
21	7.56	9.59	11.53	13.55	15.53	17.56	19.54	21.56	23.58	1.57	3.59	5.55
22	8.00	10.02	11.57	13.59	15.57	18.00	19.58	22.00	0.02	2.01	4.03	5.59
23	8.04	10.06	12.01	14.03	16.01	18.03	20.02	22.04	0.06	2.04	4.07	6.03
24	8.08	10.10	12.05	14.07	16.05	18.07	20.06	22.08	0.10	2.08	4.11	6.07
25	8.12	10.14	12.09	14.11	16.09	18.11	20.10	22.12	0.14	2.12	4.15	6.11
26	8.16	10.18	12.13	14.15	16.13	18.15	20.14	22.16	0.18	2.16	4.19	6.15
27	8.20	10.22	12.17	14.19	16.17	18.19	20.18	22.20	0.22	2.20	4.22	6.19
28	8.24	10.26	12.20	14.23	16.21	18.23	20.21	22.24	0.26	2.24	4.26	6.22
29	8.28	10.30	12.24	14.27	16.25	18.27	20.25	22.28	0.30	2.28	4.30	6.26
30	8.32		12.28	14.31	16.29	18.31	20.29	22.32	0.34	2.32	4.34	6.30
31	8.36		12.32		16.33		20.33	22.36		2.36		6.34

Tabelle 3: Bestimmung des Aszendenten

47° Uhrzeit	48° Uhrzeit	49° Uhrzeit	Aszendent
0.36 – 3.18	0.34 – 3.16	0.31 – 3.14	Löwe
3.19 – 6.00	3.17 – 6.00	3.15 – 6.00	Jungfrau
6.01 – 8.41	6.01 – 8.43	6.01 – 8.45	Waage
8.42 – 11.23	8.44 – 11.27	8.46 – 11.31	Skorpion
11.24 – 13.50	11.28 – 13.55	11.32 – 14.00	Schütze
13.51 – 15.41	13.56 – 15.45	14.01 – 15.48	Steinbock
15.42 – 16.58	15.46 – 17.00	15.49 – 17.02	Wassermann
16.59 – 18.00	17.01 – 18.00	17.03 – 18.00	Fische
18.01 – 19.01	18.01 – 18.59	18.01 – 18.57	Widder
19.02 – 20.19	19.00 – 20.15	18.58 – 20.11	Stier
20.20 – 22.10	20.16 – 22.05	20.12 – 22.00	Zwillinge
22.11 – 0.35	22.06 – 0.33	22.01 – 0.30	Krebs

50° Uhrzeit	51° Uhrzeit	52° Uhrzeit	
0.26 – 3.12	0.21 – 3.10	0.16 – 3.08	Löwe
3.13 – 6.00	3.11 – 6.00	3.09 – 6.00	Jungfrau
6.01 – 8.47	6.01 – 8.49	6.01 – 8.52	Waage
8.48 – 11.35	8.50 – 11.39	8.53 – 11.43	Skorpion
11.36 – 14.05	11.40 – 14.10	11.44 – 14.15	Schütze
14.06 – 15.52	14.11 – 15.56	14.16 – 16.01	Steinbock
15.53 – 17.04	15.57 – 17.06	16.02 – 17.09	Wassermann
17.05 – 18.00	17.07 – 18.00	17.10 – 18.00	Fische
18.01 – 18.55	18.01 – 18.53	18.01 – 18.51	Widder
18.56 – 20.07	18.54 – 20.03	18.52 – 19.59	Stier
20.08 – 21.55	20.04 – 21.51	20.00 – 21.45	Zwillinge
21.56 – 0.25	21.52 – 0.20	21.46 – 0.15	Krebs

53° Uhrzeit	54° Uhrzeit	55° Uhrzeit	
0.13 – 3.06	0.08 – 3.04	0.05 – 3.01	Löwe
3.07 – 6.00	3.05 – 6.00	3.02 – 6.00	Jungfrau
6.01 – 8.54	6.01 – 8.56	6.01 – 8.58	Waage
8.55 – 11.47	8.57 – 11.52	8.59 – 11.57	Skorpion
11.48 – 14.20	11.53 – 14.26	11.58 – 14.30	Schütze
14.21 – 16.06	14.27 – 16.10	14.31 – 16.14	Steinbock
16.07 – 17.11	16.11 – 17.14	16.15 – 17.16	Wassermann
17.12 – 18.00	17.15 – 18.00	17.17 – 18.00	Fische
18.01 – 18.49	18.01 – 18.46	18.01 – 18.44	Widder
18.50 – 19.55	18.47 – 19.50	18.45 – 19.46	Stier
19.56 – 21.39	19.51 – 21.33	19.47 – 21.38	Zwillinge
21.40 – 0.12	21.34 – 0.07	21.39 – 0.04	Krebs

Friederika-Luba von Cohlem
praktiziert seit Jahren erfolgreich als
Astrologin in Bayern und hat als Fachberaterin an
zahlreichen Buchprojekten mitgewirkt.

Christina Zacker
ist Journalistin und Autorin zahlreicher Bücher,
u.a. zu esoterischen und astrologischen Themen.
Für eine Reihe von Zeitschriften hat sie Jahres-
und Monatshoroskope erstellt und redaktionell betreut.

Olaf Thiede
lebt als Graphiker und Landschaftsmaler in
Potsdam-Babelsberg und hat sich nach einer Vielzahl von
Ausstellungen verstärkt der Buchillustration zugewandt.

Dieses Buch wurde auf chlorfrei gebleichtem und säurefreiem Papier gedruckt.

ISBN 3 8068 1750 2

© 1996/1998 by FALKEN Verlag, 65527 Niedernhausen/Ts.

Die Verwertung der Texte und Bilder, auch auszugsweise,
ist ohne Zustimmung des Verlags urheberrechtswidrig und strafbar.
Dies gilt auch für Vervielfältigungen, Übersetzungen,
Mikroverfilmung und für die Verarbeitung mit elektronischen Systemen.

Umschlaggestaltung und Layout: Rincón², Design & Produktion GmbH, Köln
Redaktion: Heike Pressler, München
Schlußredaktion: Thomas Wicke
Herstellung: Peter Pleischl, Kommunikations-Design, München
Satz: Renate Draeger, München
Titelbild: Rincón², Design & Produktion GmbH, Köln/M. Klinnert
Illustrationen: Olaf Thiede, Potsdam
Druck: Ernst Uhl, Radolfzell

Die Ratschläge in diesem Buch sind von den Autoren
und vom Verlag sorgfältig erwogen und geprüft,
dennoch kann eine Garantie nicht übernommen werden.
Eine Haftung der Autoren bzw. des Verlags und seiner Beauftragten für
Personen-, Sach- und Vermögensschäden ist ausgeschlossen.

817 2635 4453